JN079490

日本調理科学会 監修　クッカリーサイエンス 011

米粉調理で広がる世界

大妻女子大学名誉教授　　　お茶の水女子大学名誉教授
市川 朝子 ・ 香西みどり 共著

建帛社
KENPAKUSHA

米粉シュー

米粉クッキー

米粉ニョッキ

米粉ポンテケージョ

米粉だけでつくったパン

異なる米粉濃度の牛乳ゲル

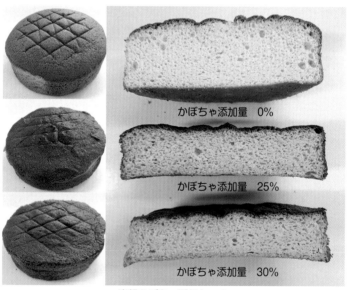

かぼちゃ添加量　0%

かぼちゃ添加量　25%

かぼちゃ添加量　30%

米粉かぼちゃ添加ケーキ

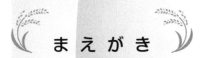

まえがき

　米はさまざまな意味で日本人にとってもっとも大切な食べ物です。我が国の食料自給率はカロリーベースで38％，また，食料国産率は47％です（2021年度）。そのなかで，米は食料国産率98％とほぼ100％に近い唯一の穀物であります。

　日本人であれば，「米粒」といえばおいしいご飯を，「米粉」といえば団子のような和菓子を思い浮かべるでしょう。米は粒と粉の両方をうまく食生活に取り入れた貴重な穀物のひとつです。本書は，日本人にとってすばらしい食材である米の利用として「米粉」に着目し，その調理の幅が広がることで食生活が豊かになるとともに日本の食料事情の向上をはかることをめざしたものです。

　米粉といえば，以前は上新粉や白玉粉をさすことが多かったのですが，現在では，粒子サイズがずっと小さくて小麦粉にかなり近い状態になった微細な米粉を「米粉」としています。

　すでに，「日本食品標準成分表2015年版（七訂）」より主な追加食品のなかに，アレルギーに対応した食品として，米粉，米粉パン，米粉麺などが記載されています。上新粉はうるち米製品として，また白玉粉はもち米製品として別に記載されていて，米粉といえばうるち米の微細な米粉のことをさしていますが，いまだ調理への利用頻度が高いとはいえません。

その理由としては，市販されている米粉調理のレシピには，たくさんのおやつやおかずが掲載されているにもかかわらず，調理への利用の仕方が広まっていないことが考えられます。微細な粒子になったことで「米粉」は上新粉とはまったく異なる調理性を示すようになり，小麦粉を使った調理を米粉でつくることも可能になってきています。また，調理科学研究者もこの米粉に着目した実験を数多く行っており，次第に米粉の特徴が実験的根拠をもって示されるようになってきています。

　本書を通して米粉の調理性や調理品など"米粉調理の世界"を一般の方にも広く知っていただきたい，身近な食材として米粉に親しんでもらいたい，そして，そのことが日本の食料事情にも大きく貢献していくことを願って本書を上梓しました。米粉調理の未知なる世界を読者の方々が本書を基盤にさらに開拓してくださることを期待しています。

　本書を刊行するにあたり，日本調理科学会刊行委員会の皆様，建帛社齋藤明子氏，イラストを描いてくださった市川芳江氏には大変お世話になりました。

　関係各位に心から感謝申し上げます。

2023年8月

　　　　　　　　　　　　　市　川　朝　子
　　　　　　　　　　　　　香　西　みどり

も　く　じ

第4章　今後への展望
―米，粒から粉へとすがたを変える―　117

序章
なぜ，今，米粉か

米粉といえば，団子や和菓子などに使われている「上新粉」や「白玉粉」を思い浮かべる人が大半ではないだろうか。それゆえ，限られた用途での使用という印象が強い。

しかし，近年「米粉」といえば，現代の粉砕技術の発展により細かく粉砕された「微細米粉」をさすことが多くなってきている。「微細米粉」と「上新粉」との大きなちがいは，平均粒径が約1/3になり，小麦粉のサイズに近くなったことである。

昔ながらの上新粉から現在の微細米粉に流れが変わったのは，2009（平成21）年に国は水田の主要な生産物である米穀の新用途（米粉用米・飼料用米）への利用を促進する観点から，「米穀の新用途への利用の促進に関する法律」を制定したことからはじまっている。基本方針はおおむね5年ごとに定められ，現在も継続している。これにより，米の生産者や米粉製造業者への支援措置がなされ，米粉に適した品種や製粉機への微細化技術の導入が以前に増して行われるようになった。その結果，小麦粉で用途別に薄力粉と強力粉を使い分けるのと同様に，米粉にもその使い分けが可能となった。さらに，パンや菓子類などそれぞれに適した米の品種が生産されるようになり，また，さまざまな粉砕法でより細かく品質が安定する製粉機が工夫されるようになった。米の成分は同じでも，サイズが小さくなることで新しい調理性が生まれたのである。それに伴い，米粉ならではのメリットや補う点があることを知ることも必要となる。

このように，日本では穀物のなかで食料自給率がもっとも高い米の利活用に対する国の方針が追い風となって，微細米粉に適した品種や微細化技術の新たな導入があったが，製品として

の米粉をどう利用するかは消費者側の課題である。実際に調理したときのメリット・デメリットに関する情報がないと使い勝手がわからない。

　こうしたなかで，国はさらなる米粉製品の普及に向け，菓子・料理用，パン用，麺用などの用途別適性に関する「米粉の用途別基準」およびノングルテン米粉などの表示に関するガイドラインも公表した。これを受けて関連団体からなる「日本米粉協会」が設立され，米粉利活用の拡大に向けて活動をはじめ，2018（平成30）年から米粉の用途別基準を導入した。米粉の用途を表示することで，小麦粉と同様に目的にあった米粉の選択ができるようになった。また同年から，「グルテンフリー」よりもグルテン含有量が少なく，世界最高水準のグルテン含量「1ppm以下」の米粉を認証する「ノングルテン米粉第三者認証制度」が開始され，ノングルテン米粉表示の米粉が流通している。なお，こういった情報は小麦アレルギーなどの人に対しても大切な表示である。

　このように米粉の扱いが変化しているにもかかわらず「微細米粉」は，一部で利用はされているものの，いまだ認知度は高くないと感じている。たとえば，購入したいと思っても近隣のスーパーにはなく，インターネット販売か専門店で購入することが多い。

　すでに『日本食品標準成分表2015年版（七訂）』からは「米粉」はうるち米の「微細米粉」をさし，これとは別に上新粉は「上新粉」として区別されている。微細米粉あらため**米粉**がもっと身近な存在となるためには，微細米粉とはどのようなもの

かを知り，それを使う人が増え，日本人の食生活になじむことが必要である。

　では，「なぜ，いま，米粉か？」を改めて問うと，筆者らは今まで重宝してきた小麦粉の数々の料理があってこその米粉への挑戦と考えている。近年は，調理科学研究者により実験を通して米粉調理の特徴が明らかになりつつある。このような蓄積が多ければ多いほど，米粉利用がじわじわと普及し，今後ますます拡大していくことと思われる。米は日本人にとってさまざまな意味で重要な食材である。米粉を使ったレシピ本は書店でも多くみられるが，米粉調理に関して調理科学的視点からとらえた本はほとんどなく，調理科学研究者の研究報告も情報発信としてはまだ学会誌等にとどまっていることが多い。本書は米粉（微細米粉）の認知度を高め，広く普及することを願って書かれたものである。本文中の随所に多少重複気味ではあるが，その思いを記載している。

　粉利用の歴史という点では，まず世界中で利用されている小麦粉があり，パンや菓子類，とろみづけなどさまざまな調理に用いられている。本書ではそれを踏まえ，小麦粉調理から米粉調理へと視点を移している。第1章以降では米粉の特徴を明らかにするため，小麦粉との比較を行いながら文章をすすめている。米粉を主体とした内容ではあるが，このような書き順になっていることをあらかじめお断りさせていただく。

　米は，粒としての利用に加え，粉としても十分に利用価値が高く優れており，昨今話題になりつつある「米粉」が一時的なものではなく恒久的に我々の食生活に根づくことを願っている。

第1章
小麦と米の利用の歴史

1 世界三大穀物における米事情

世界の主食をまかなう三大穀物は，とうもろこし，小麦，米であり，各々の年間生産量は表1-1の通りである。

このうち米は世界人口の半数に及ぶ人の食料をまかなっており，日本においても主食として食生活を支える大きな役割を果たしてきた。

表1-1　三大穀物の消費量

	（億トン）
とうもろこし	11.3
小　　麦	7.7
米	5.0

（米国農務省穀物等需給報告2020/21年度，米国農務省）

日本は古くから"瑞穂の国"とよばれてきたように，風土，気象条件ともに稲作に適した地理的条件の国である。栄養的に，米は同じ穀物である小麦に比べ約1.5倍のアミノ酸価*を有する。しかも，粒状のまま"水を加えて炊く"という簡単な操作だけでおいしい"ご飯"に仕上げることができる優れものである。

＊知っておきたい用語

　アミノ酸価（アミノ酸スコア）：食品のアミノ酸含量をアミノ酸評点パターンと比較して，もっとも含量の少ないアミノ酸の評点パターンに対する割合のこと。アミノ酸評点パターンとは，食事中のタンパク質に含まれるべき，不可欠アミノ酸（必須アミノ酸）の理想的な組成を年代別で表した値。

現在，日本で消費されている食料自給率は38％（カロリーベース）にまで落ち込んでいる（図1-1）。これは主要先進国10か国のなかでも最低である。なお，最高の食料自給率を誇るのはカナダ（226％）となっている。また，フード・マイレージ（食

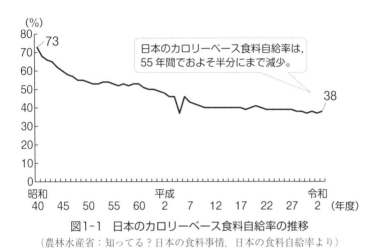

図1-1　日本のカロリーベース食料自給率の推移

（農林水産省：知ってる？日本の食料事情，日本の食料自給率より）

表1-2　各国のフード・マイレージ

	フードマイレージ実数（億t・km）	人口1人あたり（t・km/人）
日　本	**9002.8**	**7,093**
韓　国	3171.7	6,637
アメリカ合衆国	2958.2	1,051
イギリス	1879.9	3,195
ド　イ　ツ	1717.5	2,090
フランス	1044.1	1,738

（中田哲也：食料の総輸入量・距離（フード・マイレージ）とその環境に及ぼす負荷に関する考察，農林水産政策研究第5号，51，2003.より著者作成）

料の輸送距離：食料の輸送量＝t・km）についても各国と比較すると日本の値がきわめて高く，いかに輸入に頼っているかがわかる（表1-2）。

　このような現状のひとつとして，食生活における米離れに伴い，必要とされる食品の需要の変化が指摘されている。米の潜在的生産量は依然として需要量を大幅に上回り，主食用の米に関する需給の不均衡が続いている。

2　麦の歴史　～麦から小麦粉へ～

　小麦の発祥時期は，紀元前5000～4000年ころにヨーロッパのドナウ川，ライン川流域，南ロシア一帯地域，紀元前3000年ころに北アフリカ，ヨーロッパ全域，紀元前2000年ころにインド，中国地域，とされている。日本には諸説あり，8世紀前半，4～5世紀ころに伝わったとされる。

　麦が食用の対象になった推移には，まず，ヨーロッパで加熱器具として土器がつくられ，"煮る"操作ができるようになったことがあげられる。そこで，臼で粗挽きした大麦を「おかゆ」にして食するようになり，大麦を食べる文化が優先して生まれた。

　時代はすすみ，大麦ではなく，小麦の粒を使い水に浸けるだけでなく，乾いたまま外皮を除いた粉がつくれるよ

小麦の穂

うになった。そこへ水を加えて"捏ねる"操作を行うと弾力と粘りのある塊となり、さらに"焼く"ことで、やわらかく、おいしいものができあがった。これが「パン」の原型である。

このようにして、麦は大麦から小麦を使うように移行していった。さらに、あるとき、小麦粉で生地をつくったまま放っておいた後、しばらくしてみてみると、生地が大きく膨らみ、表面から泡が吹き出して腐ったようになっていた。これをいたずら心で焼いてみると、これまでより、香ばしくてやわらかい、おいしいパンになった。生地表面に泡が出たのは、空気中の微生物と野生の酵母菌による発酵によるものであった。これが発酵パンのはじまりとなった。

ちなみに、酵母（イースト）がはじめて培養されたのは、紀元前5～4世紀ころのことで、古くからのワインづくりの経験がパンづくりに活かされたこととかかわりがあるといわれている。

1. 製粉する技術の歴史 ～手で回転させながら粉を挽く～

紀元前3000年ころには、「サドルカーン」とよばれるおおきな板状の石皿（硯のように丘と海をもつ形状）と、石皿の幅にあわせた長さの棒状の"磨石"がつくられた。前方が傾斜している石皿の上に穀物を入れ、ひざまづいて両腕で体重をかけて磨石を押し引きしてすりつぶすことで粉にしていた（図1-2）。

紀元前1250～750年ころになると、古代王国ウラルトゥ（現在のトルコ）遺跡から、世界最古の回転式石臼「ロータリーカーン」[1]が発見されている（図1-3）。

さらに、紀元前400年ころ、ギリシャで「水車」を使った最

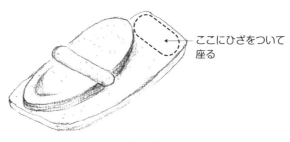

図1-2 「サドルカーン」

ここにひざをついて座る

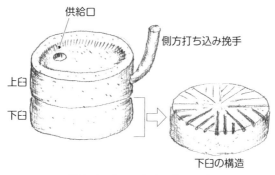

供給口

側方打ち込み挽手

上臼

下臼

下臼の構造

図1-3 「ロータリーカーン」

初の製粉工場がつくられている。17世紀になるとフランスで，石臼で挽いた粉をふるい分け，粗い部分を，さらに石臼で挽いてふるい分けすることを繰り返す，現在と同じ段階式製粉方法がはじまった。

2. 日本における小麦育種の歴史

1904（明治37）年に農事試験場幾内支場で育種がはじめられ

た。1924（大正13）年に農事試験場鴻巣試験地が設置されて以降，全国規模となり，現在は5か所（札幌，盛岡，つくば，福山，筑後）の国立農事試験場と2指定試験地（北海道北見，長野県農事試験場）において育種が行われている。国内では1929〜1993年まで（64年間）に141品種が育成されている。

3. 日本での小麦粉を使った食べ物の歴史

　小麦粉を利用した食べ物で，日本独特の「うどん」や「そうめん」がある。この元祖となるものは，奈良時代に遣唐使の訪来とともに中国から伝わった「唐菓子」という小麦粉菓子の一種で，小麦粉と米粉に塩水を入れて練り，縄状に成形した「索餅（むぎなわ）」とよばれるものからとされる。これが鎌倉時代に，現在食されているうどんの形態に近いものに変わっていった[2]。

　小麦粉菓子には「まんじゅう」や「せんべい」もある。まんじゅうは鎌倉時代から室町時代にかけて禅僧が，せんべいは平安時代に弘法大師が中国から伝えたといわれる。また，「カスティラ（カステラ）」「ボーロ」「ビスカウト（ビスケット）」等は，室町時代に伝来したキリスト教とともに，ポルトガルやオランダから伝えられた。庶民的小麦粉菓子の代表ともいえる「今川焼き」「たい焼き」は，江戸時代に登場した。また，「肉まんじゅう」を日本で最初にはじめたのは1927（昭和2）年に「中村屋」が「天下一品支那饅頭」として販売したもので，日本人向けのあっさりとした味つけに改良されている。

4. 日本でのパン用小麦粉の利用割合

　小麦粉の用途は，パン，麺，お菓子など多様である。特に，日本におけるパン用の小麦粉の消費量は，1935（昭和10）年の全体が約57万トンのうち12％（7万トン）が消費されたに過ぎなかった。また，1937（昭和12）年ころでは，食パンに換算すると1人あたり1年間に約4斤（約1.3kg）しか食べていなかった。1955（昭和30）年には，小麦粉全体の消費量は208万トンとなったが，麺用42％，パン用32％とまだ麺用に用いられる割合の方が多かった。1993（平成5）年でパン用と麺用の割合がほぼ同じに用いられるようになって以降，パン用の割合の方が徐々に増え，2020（令和2）年度の小麦粉消費量は466万トン

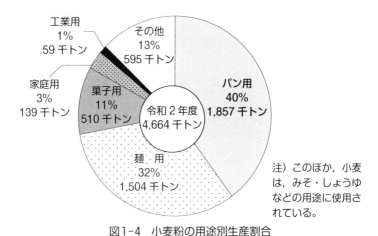

注）このほか，小麦は，みそ・しょうゆなどの用途に使用されている。

図1-4　小麦粉の用途別生産割合

資料）農林水産省「製粉工場実態調査」，麦の参考統計表（小麦粉及び精麦の用途別生産量の推移）より作成

で，パン用40％，麺用30％台を占めるようになった（図1-4）。これを日本人が1年間に消費する小麦粉量に換算すると，1人あたり平均40.7kg[3)] となる。この値は，パンを昔から主食とする欧米人に比べると，半分以下の量である。

3　米の歴史　～米から米粉へ～

　米の栽培発祥の地は，遺伝子中心説によると，作物がもっとも遺伝的多様性に富む地帯が栽培発祥の地となる。この説に従うと，インド北西部からミャンマー，タイ，中国南部に連なる山岳地帯が発祥の地ということになる。また，遺跡による検証も，イネのふるさとを探る有力な手段となる。遺跡から発見された古代米は炭化しているが，放射性炭素による年代測定が可能となり，その測

稲　穂

定事例から，中国浙江省河姆渡遺跡（B.C.4770±140年）と羅家角遺跡（B.C.4955±155年）などがあげられる。また，イネの先祖種は，熱帯アジア湿地に広く分布する*O.rufipogon*とされている。

　日本への伝播としては，最近の遺跡の研究によると縄文晩期にはすでに稲作がはじまっていたとされる。1992（平成4）年には，青森県で約3000年前の水田遺跡が発見されている。

1. 世界の米，日本の米

　世界の米生産量のうち92%がアジアで生産されている。図1-5は世界の国別米生産量である。生産第1位は中国の2億1千万トンで，インド，バングラデシュと続き，日本は第12位で971万トンである[4]。

　米を生産する大多数の国のほとんどは，自国で消費している。米の生産は1960年代から約40年間に収穫面積が1.5倍に増えたのに対し，生産量は2.7倍である。このことには，国際農業研究機関や各国の政府・農業機関による多収品種の育成や普及と栽培方法の改善による取り組みが大きくかかわっている。そのことにより，世界の米の品種は，気象条件，栽培環境，用途に応じた，5万種とも10万種ともいわれる品種がつくり出されてきた。

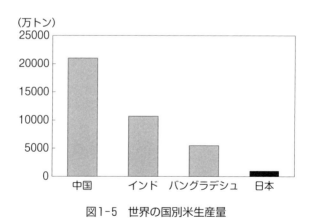

図1-5　世界の国別米生産量

2. 日本の米に対する取り組み

　現代はすでに飽食の時代といわれて久しいが，従来，あまり意識してこなかった身近な食生活において，自身の米消費量を振り返ってみても，いかに炊飯の機会が少なくなっているかにおどろかされる。

　このようななかで，日本では米の需要減少対策として，水稲作つけ面積の一部を非主食用米（備蓄米，加工用米，新規需要米等）に利用することで，水田がフル活用される方向づけを打ち出した。水稲作付け面積で，主食用米に使われる面積と非主食用米に使われる面積について，2008（平成20）年度からの推移は表1-3のとおりである。

　水稲作付け面積はここ十数年の間に，83%（162.4〜135.5万ha）

表1-3　水田における土地利用の動向

年度	水稲作付け面積 （万ha）	主食用米 （万ha）	非主食用米 （万ha）	非主食用米の割合 （%）
2008	162.4	160	2.8	1.7
2010	162.5	158	4.5	2.8
2012	157.9	152	5.5	3.5
2014	157.3	147	9.9	6.3
2016	147.8	138	9.7	6.6
2018	147.0	139	8.4	5.7
2020	146.2	137	9.6	6.6
2022	135.5	125	10.0	7.7

（農林水産省：令和4年度産作物統計）

に減少している。そのなかで，非主食用米は2008（平成20）年度の1.7%から2022（令和4）年度の7.7%と増加したぶん，主食用米は98.3%（159.6万ha）から92.3%（125.1万ha）と減少している。そこで主食用米として消費される米の減少率を取り戻そうと考えられた対策のひとつが，「米粉」としての利用である。

3. 米粉需要拡大への取り組み

まず取り組んだのは，米粉の品種改良である。アミロース含有量の少ない米から多い米まで，多くの米の品種を生産できるようになったことにより，種々の調理に適合できる米粉が製造されるようになった（第2章参照）。

さらに，粉砕装置においては，従来の米の粉砕機はロール式や挽き臼式であったが，幅広い調理に対応できる微細粒粉を製造できる，気流式粉砕装置が主流となっている（図1-6）。

気流式粉砕装置は，粉砕機内部のローターを高速に回転させることで高速気流を発生させる。その中で，原料同士やブレードと衝突させて米粒を粉砕する微粉砕機である。

粉砕法には原料そのままを粉砕する乾式粉砕法と，4〜5%程度の水を加えて粉砕する湿式粉砕法がある。湿式粉砕法は乾式粉砕法に比べて次のような利点[5]を備えている。

・細かく粉砕できる
・粉砕発熱を少なくして粉の変質を防止できる
・消費電力が少なくてよい
・塵埃が立ちにくい

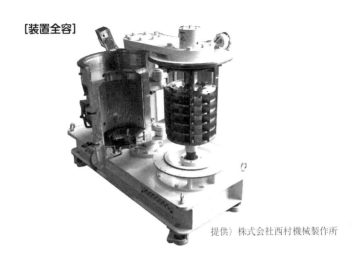

[装置全容]

提供）株式会社西村機械製作所

[内部の構造]

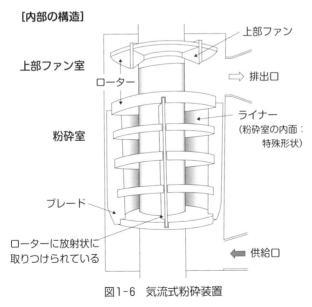

上部ファン

上部ファン室

ローター

⇨ 排出口

粉砕室

ライナー
（粉砕室の内面：
　特殊形状）

ブレード

ローターに放射状に
取りつけられている

⇐ 供給口

図1-6　気流式粉砕装置

2017（平成29）年5月には，米粉の国内普及・輸出拡大に向けて，米粉製造業者や米粉を利用する，食品製造業者，外食事業者，原料米の生産団体，消費者団体等の関係者から構成される「日本米粉協会」が設立され，米粉需要拡大に向けた取り組みをバックアップしている。（日本米粉協会：https//www.komeko.org）

　さらには，米粉の輸出に向けた取り組みとして農林水産省は，「コメ海外市場拡大戦略プロジェクト」を2017（平成29）年9月に立ちあげ，戦略的に輸出に取り組む事業者や産地を特定し，海外へも市場を広げるよう活動を支援している。

　また，インバウンド*にも対応する日本産米粉の需要拡大への取り組みを支援している。訪日外国人の急増等に伴い，グルテンを含まない特性をもつ米粉に注目が集まる状況をとらえ，ノングルテン米粉認証制度等により，海外に比べ高品質な日本産米粉，米粉加工食品の需要拡大に協力している。2020（令和2）年から世界的に広まった新型コロナウイルス感染症による影響から，外国人向けに対する需要は現在，頭打ち状態にあるが，早期に再開されることが期待される。

＊知っておきたい用語

　インバウンド：訪日外国人観光客のことをいう。また，インバウンド消費とは，訪日外国人観光客による日本国内での消費活動をさした観光用語である。

●引用文献●

1) 長尾精一：粉屋さんが書いた小麦粉の本，三水社，1994
2) 岡田哲：コムギ粉の食文化史，pp.54-74，朝倉書店，2005
3) 農林水産省：食料需給表，2020
4) 農林水産省：aff［あふ］，47，第1号，2016
5) 藤井智幸，庄子真樹：米粉の微細構造，応用糖質科学，2，第2号，92-96，2012

第2章
小麦粉と米粉

米粉は小麦粉の成分と異なり，生地中に粘りのもととなるグルテンを含まないため，麺をつくったりパンを膨らませたりしにくかった。近年の粉砕技術進展により粒子の細かい（微細な）米粉がつくられるようになると，タンパク質や脂質となじみやすくなり，小麦粉同様にパン，麺，ケーキなどにも利用できるようになった。米粉生地にグルテンを含まない利点として，ダマになりにくい，粉をふるう必要がない，液体に溶けやすい，生地が付着したボウルが洗いやすい，などがあげられる。

　本章では小麦粉と米粉の両者の特徴を比較する。

　この新しい米粉，すなわち**「微細米粉」（以下，本章では米粉と記載する）**について理解していく。

1　小麦粉と米粉のちがい

1. 成分組成

　小麦粉と米粉の成分組成を食品成分表で比較したものが表2-1である。

　小麦粉と米粉の特徴的なちがいは，米粉の方が，タンパク質が少なく炭水化物が多いところである。これは，デンプンの量が多いということでもあり，デンプンに水を加えて加熱すると糊状になる特性にも影響してくる。

　糊化特性に関する文献では，小麦粉の糊化する温度（糊化ピーク温度）が60℃付近なのに対して，米粉は67℃付近にあり，

表2-1　小麦粉と米粉の成分組成

可食部100gあたり（g）

種　　類		水　　分	タンパク質	脂　　質	炭水化物	食物繊維
小麦粉 （1等粉）	薄力粉	14.0	7.7	1.3	73.1	2.5
	中力粉	14.0	8.3	1.4	69.5	2.8
	強力粉	14.5	11.0	1.3	66.8	2.7
米　粉	上新粉	14.0	5.4	0.8	75.9	0.6
	米　粉※	11.1	6.0	0.7	81.9	0.6

※〔別名〕パウダーライス：うるち米の精白米を非常に細かく製粉した微細米粉のこと。製粉技術の向上によりつくれるようになった。

（オールガイド食品成分表2018，日本食品標準成分表2020年版（八訂）準拠，女子栄養大学出版部より作成）

米粉デンプンの方が糊化温度は高い[1] とする報告がある。さらにほかにも，小麦粉より米粉の糊化ピーク温度の方が約4℃高く，糊化エネルギーも大きいため糊化しにくい[2] と報告している。この糊化特性は，特に焼き加熱において米粉を使ったときの方が，加熱時間が長くなることに関係していると考えられる。

2. 粒度の比較

　小麦粉も米粉も使用する際は粉状である。この粉の大きさを粒度といい，粉全体がどのような粒度になっているかを測ったものを粒度分布という。小麦粉は粒度分布の結果から，累積重量篩下割合*が50％を読み取るとほぼ45〜70μmの範囲とされている。一方，米粉は（菓子用，パン用，麺用まで含む）「粒度75μm以下の比率が50％以上」（日本米粉協会）となっており，かなりの部分が重なっている[3]。また，小麦粉と米粉の粒度分

布を比較した文献によると，小麦粉とうるち米粉（製菓用微細米粉）とは似たような正規分布型であるが，米粉のほうが小麦粉よりやや小粒径側に幅広く広がるとしている[4]。これらからわかるように，粉砕技術の進展によって近年製造される微細米粉は，小麦粉と同等あるいはさらに微細化されており，従来小麦粉で役割を担ってきた調理のかなりの部分を置き換えることが可能である。

＊知っておきたい用語

　累積重量篩下割合：粉体を篩で分けたとき，ある粒子径の値（または範囲）より小さい粒子の重量が全体の重量の何％に相当するかを表す数字。

2　小麦粉の科学

1. 分　　類

　小麦には，冬小麦と春小麦がある。冬小麦は秋に種をまいて翌年の夏ごろに収穫するもので，大半はこちらである。春小麦は春に種をまいて秋に収穫するもので，冬季の寒さが厳しい地域で行われる。春小麦は生育期間が冬小麦に比べ短いため，単位面積あたりの収穫量は冬小麦の2/3くらいと少ない。

　また，赤小麦と白小麦では，品種や栽培地域によって，小麦

粒の外皮の色合いが微妙にちがう。赤小麦はやや褐色がかったもので，白小麦はやや黄色がかっている。

さらに，小麦の粒の内部構造が密か粗かによるちがいを表した，硝子質小麦と粉状質小麦がある。小麦粒を短軸方向にナイフで2つにカットしたとき，硝子質は切断面が半透明なものをさし，粉状質は切断面が白く不透明なものをいう。

一般的に硝子質小麦はタンパク質量が多く，粒がかたい硬質小麦である。また，粉状質小麦はタンパク質量が少なく粒がやわらかい軟質小麦である。

小麦粉には，普通小麦の祖先となる小麦で主にヨーロッパやカナダで生産されるデュラム小麦がある。これがスパゲッティなどのパスタに使用されるのは，柔軟で弾力性の強いグルテンを多く含んでいるためである。日本の気候には適さないため，日本での生産は難しかったが，2016（平成28）年に日本初のデュラム小麦品種「セトデュール」が育成された。

2. 構造と成分

① 形　　状

一粒の長さ	4.5〜8.5 mm（平均6.2 mm）
幅	1.4〜4.7 mm（平均2.7 mm）
重　　さ	0.03 g前後
千　粒　重*	25〜40 g（30〜35 gのものが多い）
比　　重	1.25〜1.40（平均1.35）

②　粒の構造

小麦の断面図

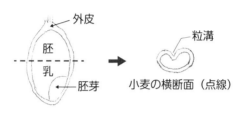

外皮

粒溝

胚
乳

胚芽

小麦の横断面（点線）

外　皮：小麦粒全体の13%前後を占める

　　　　果　皮（外表皮，中間組織，横細胞，内表皮）　小麦の約4%
　　　　種　皮
　　　　珠心層　}　小麦の約2〜3%
　　　　アリューロン層　65〜70μmの厚さ，小麦の6〜7%
　　　　（糊粉層）　　タンパク質，脂質，灰分を多く含む

胚　乳：小麦粒全体の約85%

胚　芽：小麦粒末端に位置する，小麦の約2%
　　　　タンパク質，脂質，ビタミン類，微量成分を多く含む

③　主な成分

デンプン　　α-D-グルコースからなるポリサッカライド，
小麦粉のデンプン含有量は63〜70%。形状は円または楕円

で，粒径は大粒子群（10〜35μm）と，小粒子群（1〜10μm）の2種類がある。大粒子群が開花後，小粒子群に先立ってつくられる。さらにデンプンには直鎖状のアミロースと，ところどころ分岐しているアミロペクチンがあるが，小麦粉のアミロース含量は26〜29％台がほとんどである[5]。ただし，デュラム小麦ではやや高く，軟質小麦ではやや低い傾向がある。

タンパク質　水可溶性区分（アルブミン），塩可溶性区分（グロブリン），不溶性区分（グリアジン，グルテニン）に分けられる。

脂質　小麦全粒の脂質含量は約2〜4％である。小麦の組成部位で比較すると，胚乳に1〜2％，胚芽に8〜15％，外皮に約6％程度となる。製パン時においては，脂質は生地のガス保持力を高くし，潤滑剤的な作用をする。さらに生地（パン）をミキシングしている際に脂質とリポキシゲナーゼが作用することで，構造変化（グルテン構造の変化，SH基（チオール基）やタンパク質の重合）を促進する。

ミネラル　小麦生育中の土壌の性状の影響を受ける。胚乳中に0.3〜0.8％，外皮中に5〜11％存在している。主なミネラルは，カリウム，リン，マグネシウム，カルシウムなどである。これは小麦粉の白さ（白色度）の指標となる。この値が小さいほど白色で加工適性が優れる。また，この量によって等級が区別される。

水分　年間を通すと14.0〜14.5％であり，夏より冬の方が0.3〜0.5％程度多めに含まれる。以下で述べる小麦の調質（加水量とテンパリング時間：p.35参照）により影響を受ける[5]。

3. 種類と用途

　小麦粉の種類と用途は表2-2に示すとおりである。

表2-2　小麦粉の種類と用途

種　　類	原料小麦	タンパク質量	グルテンの性質	代表的な用途
強 力 粉	硬質小麦	11〜13%	強靭	パン類
準強力粉	中間質小麦	10〜11.5%	強	中華麺
中 力 粉	中間質小麦	8〜10%	軟	和風麺
薄 力 粉	軟質小麦	7〜8%	軟弱	菓子類
デュラムセモリナ粉	デュラム小麦	約12%	柔軟・弾力性大	パスタ類

（日東富士製粉，農林水産省ホームページをもとに筆者作成）

　また，等級には1等粉（小麦粒の胚乳の中でも，主として中心部に近い部分を集めたもの），2等粉，3等粉，末粉がある。使用用途の割合は業務用が約96%，家庭用はわずか3%である。用途別に分類すると，第1章図1-4（p.12）のようになる。

＊知っておきたい用語

　「ファリナ」，「セモリナ」：小麦粉の粒度のちがいを表すアメリカで用いられる名称。目開き210μmの布ふるいを通過するものは「小麦粉」，それより粗いものを「ファリナ」，「セモリナ」とよんでいる[5]。

3 米の科学

1. 分類（インディカとジャポニカ）

　米にはインディカ米とジャポニカ米がある。北緯30度を境として，インディカは熱帯・亜熱帯に分布し，ジャポニカは，温帯あるいは熱帯・亜熱帯の山地で栽培される品種である。インディカはジャポニカに比べ，寒さに弱くて葉色が淡く，脱粒しやすく，草丈が大きく，長粒種である。これに対してジャポニカは寒さに強い特徴がある。

2. 種類と特性

　日本で生産される米の約95％はうるち米，残りがもち米と少々の酒米で，ほとんどがジャポニカ米である。日本の米と世界の米の形状を，長幅比（米粒の幅に対する長さの比）や千粒重（玄米千粒の重量）から比較してみると下表のようになる。日本の米の値幅が狭いのは，良質米に対する日本人の要望が強いことに基づいている。

	日本の米	世界の米
長幅比	1.6〜2.0	1.0〜4.0
千粒重	20 g〜24 g	10 g〜50 g

胚乳を囲む果皮に色素がある米（胚乳は着色していない）を着色米という。アントシアン系紫色色素が果皮（多くはもち米）に沈着すると着色は濃く、玄米はほぼ黒くみえる（紫黒米）。アントシアン系色素は水溶性なため、紫黒米を白いもち米と混ぜて蒸すと、色素により胚乳部分が着色して赤っぽいおこわになる。

　また、炊飯時に強い香りを発生するものを「香り米」といい、米の品種としては「バスマティ」や「カオドマリ」などがある。主な香り成分は2-アセチル-1-ピロリンといわれる。

　酒米は、清酒の原料米として麹米、酒母米（もと米）、かけ米に分類され、仕込み量は麹米ともと米で約3割、かけ米が約7割である。良質の酒をつくるには、麹米、もと米の品質が重要となる。米のタンパク質は米粒の外層部に多く分布し、これが多いといわゆる"雑味の多い酒"となるため、十分に搗精（玄米の糠層をとり除くこと）した粒張がよい品種が酒米として適する。

3. 構造と成分

①　粒の構造

米の断面図

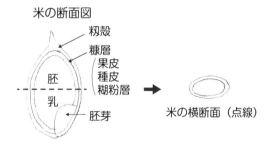

米の横断面（点線）

籾殻：品種によるが，種子全体の15〜30重量％を占める

糠
層 {
果皮（約10μm）
種皮
糊粉層
澱粉貯蔵細胞 } 胚乳

胚芽：玄米重量の2〜3％を占める

　米粒から籾殻を除いた部分が玄米である。玄米は，果皮，種皮に覆われている。

②　主な成分

デンプン　　糊化や炊飯の特性などにアミロース含量が大きく影響する。インディカ米のようにアミロース含量の多い米は，米飯とした場合，容積増加が多く（釜増えする），かたく粘りの少ない飯となる。

タンパク質　　日本の玄米のタンパク質量は6.0％，精米は5.3％である（「日本食品標準成分表2020年版（八訂）」）。主要タンパク質はグルテリン（オリゼニン）で，第一制限アミノ酸*はリシンであるが，アミノ酸スコアは61で，小麦粉39，トウモロコシ31に比べて高い。栄養面では優れているものの，高タンパク質のものほど色調や吸水性が低下し，かたく粘り

＊知っておきたい用語

　第一制限アミノ酸：人の体内で合成することができず，食品から摂取する必要のあるアミノ酸を必須アミノ酸という。この必須アミノ酸のうち，もっとも不足しているアミノ酸をその食品の第一制限アミノ酸という。アミノ酸スコアについては第1章p.6参照。

の少ない飯となるため，タンパク質含量の少ない米の方が，日本では一般に好まれている。

脂質　　玄米の脂質量は2.5％，精米で0.8％である（『日本食品標準成分表2020年版（八訂）』）。米の脂質の大部分は中性脂肪で，構成脂肪酸はオレイン酸とリノール酸がもっとも多い。米の脂質の含有量は少ないが，古米臭の生成，デンプンの糊化抑制，日本酒の香り劣化などに関連してくる。

ミネラル　リン，カリウム，マグネシウム，ケイ素 などを多く含んでいる。

ビタミン　　米には，ビタミンA，C，Dはほとんど含まれない。種子の胚芽や糠層にはビタミン類が多く含まれる。精米は玄米に比べB群などの含量が少なくなる。

水分　　米を貯蔵する倉庫では通常，温度13℃前後，湿度60〜70％の環境下で水分を一定に保持している。水分は貯蔵性のみならず，精米特性や米飯の食味等に深くかかわっている[6]。

　特に主成分のデンプンにおいては，アミロース含量を調整した特徴的な米の研究開発がなされている。農林水産省では特徴的な米に関する研究を推進するために1990（平成2）年度から「新形質米プロジェクト」が組まれ，高アミロース米，低アミロース米，もち米などが育成されている。

　「低アミロース米」はデンプン中のアミロース含量が一般には5〜15％以下の米を示す。日本では「ミルキークイーン」「スノーパール」「はなぶさ」など，多くの品種がつくられてい

る。低アミロース米の米飯は粘りが強く，やわらかく艶があり，冷えてもかたくなりにくいのが特徴である。米粉としては，洋菓子や料理用として用いられる。そのほか，ソフト米菓の原料としても，膨化がよく，食感のよいせんべいなどに用いられている。

「中アミロース米」はアミロース含有量15％以上〜25％未満の米である。米粉は粒子が適度に細かく（20〜60μm付近に頻度分布のピークをもつ），デンプンの構造が保持され，損傷デンプン*含有量が低い（約6％以下）ものがパン用として優れている。「コシヒカリ」「日本晴」や多収穫米の品種でもある「タカナリ」からつくられた米粉は，ケービング現象（第3章参照）も起こらず，モチモチ感と適度なやわらかさをもち，製パン性に向いている。

「高アミロース米」はアミロース含量が25％以上のもので，インディカ米，あるいはジャポニカ米とインディカ米の交配雑種によって育成された米の多くがこれに該当する。世界的にみると，中国南部，インドをはじめとする米の主産国のほとんど

*知っておきたい用語

　損傷デンプン：粉砕時の圧力や熱によって，傷を受けたデンプンの割合のこと。傷のない通常のデンプンに比べて，水を吸いやすく，種子内在性デンプン分解酵素の作用を受けやすいことから，パン生地の発酵特性に影響することがわかっている。損傷デンプン含有量の低い米粉の粒子は，細かくかつデンプン粒や細胞の構造が保持されている。

が，インディカ米を生産している。日本では，やわらかく，粘りの強い米飯が好まれるため，加工用の一部を除いて消費量は少ない。「夢十色」「モミロマン」「北陸207号」などの品種が米粉として用いられ，ほどよいかたさとコシ，のどごしがよいことから麺類の利用に適している[7,8]。

4 小麦と米の粉砕方法と粒度

米は粒でも粉でも利用できるが，小麦は粉としての利用がほとんどである。このちがいが「調理用の穀類の粉」として，まず小麦粉が利用され，従来の米粉（上新粉など）は団子や和菓子類に利用される限られたものであった理由でもある。粉砕技術が発展した現在の新しい米粉（微細米粉）のさまざまな調理への利用は，関連の情報が周知されることで今後の利用拡大が期待される。

1. 小麦の粉砕方法・粒度

小麦は硬質で，その内部構造は粒内部に粉が詰まった状態（粉質）である。粒溝の部分が粒の内部まで巻き込まれた構造になっているため，表層のみを削り取り，残った「精白小麦」を粒として利用することは難しい。

◎粉砕方法と粒度

粉砕では，最初に調質*を行う。小麦粒の表面に付着した水

は，胚芽の部分などを通って内部に浸透し，胚乳は粉砕されやすくなる。外皮は適度の水を吸収して強靱になり，もろく砕けやすくなる。小麦の外皮をさらに強靱にして砕けにくくするため，挽砕の2～3時間前に，再度0.5％程度の加水をすることも多い。

　粉砕は外皮と食用にされる胚乳部を主にロール方式を用いて行う。その後，ピュリファイヤーなどの分離装置で外皮と胚乳部に分けられる。この粉砕，分級操作は何度も繰り返されることで順次細かくなる。

　小麦粉全体としては149μm以下が製品の粒度となっているが，粒径は5～200μmの広い分布を示す。平均粒径は強力粉で60～70μm，薄力粉は40～50μmとされている[9]。

＊知っておきたい用語

　　調質：小麦を粉にする前に表面に水を振りかけたり，タンクにねかせたりして，良質の小麦粉を製造するための一連の工程をいう。そのなかで，タンク中でねかせることを"テンパリング"という。

2. 米の粉砕方法・粒度と種類

　米は結晶質で粒がかたく，粉砕しにくい。このことが米粉の利用で"製パン性"が劣るとされる理由である。粒が結晶質でかたいため，逆に研削機や摩擦式の精米機で，表面の糠や胚芽を簡単に除くことができるので精米（粒）として利用されてきた。しかし，胚乳部も適切な方法で粉砕できるようになり，各

表2-3　米粉粉砕装置と粒度および特徴

粉砕装置	粉の大きさ （平均粒径μm）	特　徴
気流式	50〜60	製粉ダメージが少ない　など
ピン式（高速）	70〜80	ダメージややあり　など
胴搗き式（石臼式）	60〜80	大量生産に向く　など
挽き臼式（水挽き）	50〜60	技術を要する　など
ロール式	70〜100	鋭角的な角をもつ粉　など

（農林水産省：米粉をめぐる状況について，2023.）

種の粉としての利用できるようになった。

◎粉砕方法と粒度

　米の粉砕方法は小麦のようにほぼ一律ではなく，いろいろな方法があるのも小麦とのちがいである。

　米の表皮部分を搗精後に洗って，粉砕し，ふるい分けるという流れは共通しているが，粉砕方法には，目的によって気流式，ピン式（高速）胴搗き式（石臼式），挽き臼式（水挽き），ロール式など数種類ある[10]（表2-3）。

①　二段階処理による製法

　米粒は外層と内層の組織のならび方が異なるため，外層（組織が密でかたい）と内層（やわらかい）と硬度が異なる。そこで考えられたのが，粒の外層部を微細にするとともに熱損傷を少なくする製粉方法として，圧扁ロールと気流式粉砕装置を使った二段階製粉技術である（第1章，p.16参照）。

この方法は，米を洗米，水に浸漬後，脱水して圧扁ロール装置で米粒を押しつぶし，フレーク状にする方法で，これを気流式粉砕装置で粉砕後に乾燥する。得られる米粉は，平均粒度30μm前後の微細な米粉となり，しかも粉砕に伴う熱エネルギーは乾燥（水分蒸発）に使われるため，品温上昇が抑えられ製粉時の熱損傷も受けにくい。

② 酵素処理，気流式粉砕処理

米を細胞単位，あるいは複粒単位で粉砕できるように，細胞壁を分解できる酵素を用いる方法が考案された（新潟県農業総合研究所食品研究センター）。その最適酵素として，ペクチナーゼ（果汁清澄用として用いられている）が選ばれ，これを加えた温水に米を浸漬後，気流式粉砕を行う方法である。得られた米粉は，平均粒度40μmの丸みを帯びた粒形の水浸透性のよい粉となる。問題点として，酵素を用いることにより，米粉製造時のコストが高くなることがあげられる[11]。

粉砕技術の進展によって粒子の細かい米粉が得られるようになり，この新しい微細米粉では吸水性が増大することから，調理や加工においても，従来とは異なる視点で理解する必要がある。

◎米粉の種類

従来から用いられてきた上新粉や，現在の製粉技術等の進歩に伴ってつくられた50μm前後の小麦粉と同程度の細かい粒子の米粉まで，これら「米粉」の種類と用途をまとめると表2-4のようになる[4], [12]。

表2-4　米粉の種類と主な用途

区　　分	原料米	名　　称	主な用途
生粉製品	うるち米	上新粉（上用粉）	団子，柏餅，せんべい，かるかん
		微細米粉	パン，洋菓子，パスタ，和菓子
	もち米	白玉粉	白玉団子，大福餅，求肥
		もち粉（求肥粉）	白玉団子，大福餅，求肥
糊化製品	うるち米	みじん粉	和菓子
		上南粉	和菓子
		乳児穀粉（α化米粉）	乳児食，重湯
		寒梅粉（焼きみじん粉）	押菓子，豆菓子，糊用
	もち米	道明寺粉	桜餅，おはぎ餅
		上南粉	おこし，玉あられ，桜餅，椿餅
		らくがん粉（春雪粉）	落雁

　ここにあげた微細米粉用米の需要量は，2012（平成24）年度以降2万トン程度で推移しており，急速な需要には未だ至っていない。利用が伸びない理由の一因として，製粉コストが小麦粉に比べ高くつき，価格が高くなってしまうこと，さらに有効な利用方法が消費者に広く普及されていないことなどがあげられる。こうした事情を踏まえて，農林水産省は2017（平成29）年3月に『米粉の用途別基準』（表2-5）および『米粉製品の普及のための表示に関するガイドライン』を策定した。これらを運用して，米粉製造業者等関係者の組織する団体が，率先して米粉を広く活用する方向性を進展させていくことが期待されている。

表2-5　米粉の用途別表記と分類基準

用途表記	菓子・料理用		パン用	麺 用 (一部，菓子・料理用を含む)
【表記番号】	【1番】		【2番】	【3番】
デンプン 損傷度	10％未満			
アミロース 含有量 と タイプ別 用途例	20％未満		15％以上 20％未満	20％以上
	15％未満	15％以上 20％未満		25％以上
	ソフトタイプ	ミドルタイプ		ハードタイプ
	シフォンケーキ，やわらかいクッキー　など	スポンジケーキ，天ぷら粉，唐揚げ粉，とろみづけ　など	パン全般　　麺全般	弾力の強い麺，洋酒などに浸すようなかためのケーキなど

※パン用，麺用に関しては，一部グルテン添加しているものもある。
（日本米粉協会ホームページ：「米粉の用途別基準」をもとに作成）

◎上新粉と微細米粉の比較

　平均粒径120μmの上新粉と気流粉砕でできた40μm以下の微細米粉を比べた実験では，成分組成にちがいはみられず，微細米粉はデンプン損傷度が増大し，膨潤率の上昇がみられ，吸水性が向上したとある。結果，同じ加水量の場合，粒径が小さいほどかたく，粘りのある生地が得られた。上新粉レベルの粉では，加水量が粉の80％以上になると水を吸収することができなかったが，微細米粉では200％まで加水しても水を吸収しており，広範囲の加水量に対応できていた。また，上新粉では加水量が40％のときの生地がもっともかたく，60％になると急激にやわらかくなったが，20μm程度の微細米粉では60％付近がもっともかたく，加水量100％くらいまではかたさを保っ

ていた[13]。

　これらのことからも，微細米粉は吸水性が高く，かつ広範囲
の加水で生地をつくれることがわかる。

5　小麦粉生地に影響する要因を探る

　これまで菓子やパン，麺に幅広く用いられてきた小麦粉の特
徴は，水を加えて捏ねるとグルテンを形成することである。

　小麦粉に含まれるタンパク質は数種類あるが，その中でグリ
アジンとグルテニンというタンパク質が水を加えることによっ
て互いに絡みあってグルテンを形成し，その網目状構造（ネッ
トワークともいわれる）が小麦粉生地の粘弾性や伸展性を高める。
これが米やほかの雑穀類にはみられない大きな特徴であり，小
麦粉の調理性に大きく影響している。

　グルテンは小麦粉のタンパク質が多いほどたくさん形成され
るが，加水量や捏ね方などの条件によって，できあがりが異な
る。そのため，各々の条件で生地をつくり，実際に測ってみな
いとわからないのである。

1.　生地中でつくられるグルテン量

　生地には，うどんや中華まんじゅうの皮のように，手でまと
めやすいドウ（dough）から，クレープやお好み焼きのように
やわらかいバッター（batter）まである。グルテンの形成は多
かれ少なかれ生地の物性に影響する。先にも述べたが，小麦粉

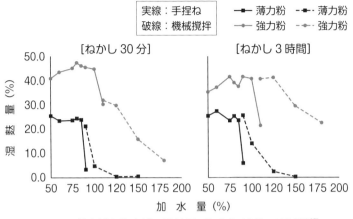

図2-1　薄力粉と強力粉の湿麩量［ねかし30分，3時間］[12]

そのもののタンパク質量は成分表でわかっても，どの程度生地中でグルテンが形成されているかは，実測するしかない。

　図2-1は，薄力粉と強力粉で加水量の異なる生地をつくり，ねかし（放置する）時間を30分と3時間の二段階にして，グルテン量を測定してみた結果である。

①　薄　力　粉

【手捏ねの場合（250回）】

　粉に対して50〜85％まで水を加えた生地をつくり，そこからとれた湿麩（湿グルテン）の量はいずれのねかし時間も粉の25％前後あったが，加水量が90％になるとグルテン量は3.3％に激減した。加水量が85％から90％と5％増えることでグルテン量が激減しており，この範囲がグルテン形成の成否を分ける重要なポイントといえよう。

【羽根付き機械で撹拌した場合】

　機械で撹拌することで手捏ねよりも力がかかり，加水量90％でも粉の21％の湿グルテンが得られた。しかし，加水量が100％では4.7％に減った。粉の90％の加水量はグルテン生成の限界に近い量といえるが，機械的な撹拌操作をすることでグルテン形成が促されることがわかる。

【ねかしの効果】

　生地をねかすことは，グルテンの形成を促進したり，伸展性を増すことで仕上がりの状態が左右される。

　ねかしの30分と3時間を比べると，粉の50％から85％の加水量の範囲では湿グルテン量にほとんど差がみられない。加水量が90％以上になるとねかし30分より3時間のほうが湿グルテン量は多く，ねかしの効果がみられた。加水量が100％（粉と同量）では機械的撹拌をしてもグルテン量が激減，150％ではほとんど採取できなかった。

　ここで注意したいのは，実験では，ひとかたまりの湿グルテンとして取り出すことが難しかったということで，弱いながらも生地の粘性は時間とともに高くなっていたことからも，ネットワーク的なものは生地中で形成されていると考えられる。

②　強力粉

【手捏ねの場合】

　強力粉は薄力粉とは異なり，粉に対して加水量100％まで手捏ね操作が可能である。このようなドウ生地では，ねかし時間によるグルテン量の差はみられず，ねかしの効果はみら

れなかった。また，加水量100％までの生地の湿グルテン量は粉の40〜45％であったが，110％にすると30％まで低下した。

【羽根付き機械で撹拌した場合のねかしの効果】

加水量110％で機械で撹拌した生地は，ねかし30分の湿グルテン量は30％であったが，ねかし3時間の湿グルテン量は40％となり，さらに加水量125％まで40％の収量となった。強力粉を用いて手捏ねでできるぎりぎりの加水量は粉と同量の100％である。

強力粉のやわらかい生地は，機械で撹拌してねかし時間を長くすると採取できるグルテン量が増えた。このことは，グルテンをより多く有効に利用したい強力粉の調理に応用することができる[14]。

2. 小麦粉うどんの生地に加える食塩の話

手捏ね麺は，小麦粉に水と食塩を加えてよく捏ね，ドウをねかすことで，粘弾性，伸展性のある生地をつくることができる。このとき加える食塩の量は粉の4％前後がもっとも多くのグルテンを形成するとされている[15]。

しかし，食べる際にも加えた食塩がそのままゆでた麺のなかに残っていては，麺が塩辛い。食べたときに丁度よい塩分濃度は1％前後であり，麺をつくるときに加えた食塩からすると相当少ない。実際のゆで麺はつゆをつけて丁度よい塩味で食していることから，かなりの食塩がゆで水のほうへ溶出していることになる。では，その量はどのくらいだろうか？

ゆで水にどのくらい食塩が溶け出すのか。麺の15倍量のゆで水ゆでた場合，8分間ゆでると約90％が溶出してしまう[16]。ゆで水が麺の15倍量の場合，麺生地に加えた食塩量が2～8％のいずれにおいても，その約90％がゆで水中に溶出し，麺に残るのは約10％であった。計算すると，ゆで麺中に含まれる塩分濃度（0.14％）と，ゆで水中の塩分濃度（0.15％）は同程度である。麺とゆで水に溶出した塩分濃度が同じになってしまうと拡散現象（濃度差に応じて物質が濃い方から薄い方に移動すること）はこれ以上起こらず，ゆで続けても麺から食塩はさらに出ていかないことになる。

　また，ゆで水が麺の5倍量のときは約70％の食塩溶出量である。食塩の溶出量はゆで水に大きく影響され，ゆで水量が少ないと脱塩効果が小さい。このことからも，麺をゆでるときは麺の10～15倍量のゆで水は使用したいということになる。

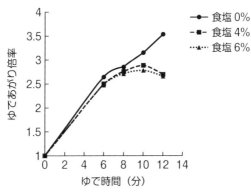

図2-2　食塩添加量とゆで時間によるゆであがり倍率の変化[16]

小麦粉に食塩を加えて捏ねた生麺は，適当なゆで時間の間に吸水して一定のゆであがり重量になる。その後のゆで時間が多少長くなっても，コシのないゆですぎた麺にはならない。しかし，食塩を加えないで捏ねた麺は，ゆで時間の増加とともにゆであがり倍率は増加し続け，コシのないゆですぎた麺になってしまう（図2-2）。小麦粉に食塩を加えて捏ねることは，ゆで過ぎてもコシがなくならない効果をもたらしている。

3. 小麦粉でつくった菓子の糊化度

　小麦粉はクッキーやスポンジケーキのような洋菓子に多く用いられる。強力粉よりグルテンが少ない薄力粉が用いられるのは，グルテン形成に伴う生地の粘性増加が，ベーキンバウダーから発生する二酸化炭素や卵を泡立てて取り込まれた空気の気泡の膨張を適度にコントロールするためである。また，クッキーのように脂肪を多く含み，口にいれたとたんにもろく崩れるような性状をショートネスというが，このようなテクスチャー（食感）を備えたクッキーをつくるときには，バターが多くなり生地のかたさを調整するため，粉に加える水分量が少なくなる。ゆえに，小麦粉に含まれるデンプンは加熱中に起こる糊化に必要な水が不足し，糊化不十分なために食べたときに粉っぽさを感じることがある。

　そこで，さまざまな焼き菓子の糊化度を測定してみると，材料配合によって大きく異なっていた。表2-6に焼き菓子の材料組成と糊化度を示した。

　表2-6に示すこれら5種類の焼き菓子の，材料組成中と製品

表2-6　焼き菓子製品中の水分量・バター量・糊化度[17]

製品名	水分量（%）	バター量（%）	糊化度（%）
バタークッキー	1.6	33.6	9.8
卵黄入りクッキー	2.4	25.5	10.5
パウンドケーキ	20.5	24.8	57.1
スポンジケーキ	27.7	0.0	80.4
エンゼルフードケーキ	32.5	0.0	87.1

中の水分量と糊化度の関係を比較したのが図2-3である。

　材料組成中と焼き菓子製品中の水分量と糊化度の間には，高い正の相関性が認められた。すなわち，水分を多く含む製品ほど糊化度は高くなる。バターが同程度の卵黄入りクッキーとパウンドケー

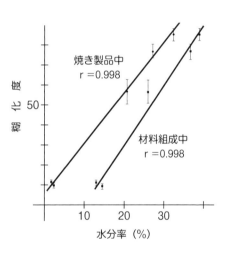

図2-3　材料組成・焼きあがり製品中の水分量と糊化度の相関性[17]

キを比較すると水分の少ないクッキーの糊化度はパウンドケーキの約1/5しかない。一般に，糊化には，材料に含まれるデンプン量の30％以上の水分が必要といわれるが，上記のクッキーの水分はそれに達していない[17]。

●引用・参考文献●

1) 谷口明日香他：雑穀粉の基礎特性をふまえた天ぷら衣用バッターの調製条件，日本家政学会誌，69(4)，217-224，2018

2) 八木千鶴他：小麦粉ケーキとの比較による微細米粉ケーキの特徴，日本調理科学会誌，48(2)，112-121，2015

3) 山田幸義：小麦粉製粉における粉体工学とのかかわり，粉体工学会誌，29(5)，384-389，1992

4) 長沼誠子：米粉の調理への利用，日本調理科学会誌，42(3)，208-211，2009

5) 長尾精一編：小麦の科学，p.45，pp.62-101，朝倉書店，1995

6) 竹生新治郎監：米の科学，pp.2-18，朝倉書店，1995

7) 鈴木保宏：米粉パン等の米粉利用に適する品質特性と好適品種，応用糖質科学，2(1)，12-17，2012

8) 農林水産省：米・米粉をめぐる状況について（令和5年2月）

9) 吉田照男：図解食品加工プロセス，工業調査会，2003

10) 與座宏一他：米粉利用の現状と課題—米粉パンについて—，日本食品科学工学会誌，55，(10)，444-454，2008

11) 農山漁村文化協会編：地域食材大百科第6巻 「もち，米粉，米粉パン，すし，加工米飯，澱粉」，pp.100-139，農山漁村文化協会，2012

12) 楠瀬千春：米粉とデンプンの調理性，日本調理科学会誌，42(5)，361-365，2009

13) 松木順子：穀粉の吸水性の評価，日本調理科学会誌，49(5)，324-327，2016

14) 浅川寿恵：小麦粉製品の性状に及ぼす成分，副材料の影響，大妻女子大学修士論文，1998

15) 板橋文代他：小麦粉の調理（第1報）めん生地におよぼす食塩添加の影響，家政学雑誌，28(4)，273-277，1977

16) 市川朝子他：手打ちめんのゆでによる脱塩について，家政学雑誌，35(2)，69-75，1984

17) 市川朝子他：小麦粉の加熱調理に関する研究（第2報）焼き菓子製品中のデンプンの糊化度，家政学雑誌，37(10)，865-870，1986

第 3 章
米粉でつくる
小麦粉調理

日常の食生活のなかには，小麦粉を使った調理は数多くある。米の需要量が激減するなかで，農林水産省が2017（平成29）年度に策定した『米粉の用途別基準』をもとに，我々が米粉を調理に活かせそうなものを実際に扱ってみた。

　まずは，米粉（微細米粉）のもつ特徴からまとめる。

1　農林水産省からの発信

　米粉の普及にあたって，農林水産省（以下，農水省）が発信している「米粉をめぐる状況について（令和5年2月）」には米粉の特徴を次のように示している。

○もっちりおいしい食感

　米粉でつくられたパンや麺はもっちりとしており，日本人が大好きなもちもちの食感が味わえる。

○調 理 特 性

　米粉は，小麦粉と異なりダマにならないので，粉をふるう必要がなく調理が簡単。また，出来上がった料理や加工食品は，ほんのり甘い風味が加わる。

○優れたアミノ酸バランス

　米粉は，人に必要なアミノ酸のバランスが優位。

　アミノ酸スコア　米は65，小麦粉は41と，小麦の1.5倍と高い（※米は精白米，小麦は中力粉の数値）。

　1973年FAO/WHOの評点パターンを使用。（科学技術庁資源調査所，「食品のタンパク質とアミノ酸」，1986年）

〇低吸油でさっぱりヘルシー

　揚げ物などで，小麦粉よりも油の吸収率が低く，天ぷらやから揚げを米粉で揚げると，サクサク感が長く継続する。

　一例：油の吸収率（鶏モモ肉を揚げたときの衣の油吸収率）

米粉21%　　　小麦粉　38%

出典）Oil Uptake Properties of Fried Batters from Rice Flour, F.Shin and K.Daigle（J. Agric. Food Chem. 47（1999）

〇食料自給率アップ

　国産米粉パンを一人が1か月に3個食べると，自給率が1％アップする計算になる。

　※パンの原料である小麦粉（輸入）を国産の米粉で代替するものとし，パン1個に使用する米粉量を80ｇとして試算。

　「微細米粉」という新しい形の米粉にはこのようなメリットがある。今まで小麦粉を用いて調理してきたものを米粉に置き換えると，どのような仕上がりになるのだろうか。また米粉で調理するときには適切な配合割合をどのように工夫するか，という視点が重要となる。

　本章では米粉の調理への利用という観点から，小麦粉の調理とのちがいも含めて述べ，米粉調理が身近なものであることを実感していただきたい。

2 天 ぷ ら

1. 天ぷらの衣とは

　天ぷらは魚介類や野菜などの食材に衣をつけて，油で揚げた料理である。揚げることで衣の水分が油の方へ出ていき，そこへ油が入っていく，すなわち水と油の交代が衣の中で起こっている。この水と油の交代がうまくいけば衣はカラリと揚がるが，うまくいかないと油っこくベタッとした食感になり，好ましくない。

　揚げる前の衣の水分は60〜70％あり，一方，揚げた後の衣の水分は10〜20％くらいに減っている。具材のほうは，加熱はされるが，水と油の交代はほとんど起こらないため水分にほとんど変化はない。「カラリと揚がったおいしい天ぷら」というのは，衣がカラリとしているのであって，具材ではない。すなわち，衣が決め手といえる。

2. 小麦粉の天ぷらの衣

　衣の水分が少ないほどカラリとしたおいしい天ぷらができるのかというと，必ずしもそうではない。小麦粉だけでつくった衣を油で揚げて実験した報告がある（表3-1）[1]。

　官能評価では衣Bはあまりにかたく，衣Cがもっとも好まれている。衣Aは水分が多く，水と油の交代がうまくいかない

表3-1 各種類の調製した天ぷらの衣[1]

衣の種類	水 分	脂 質
衣A（小麦粉と水）	18%	32%
衣B（小麦粉・重曹と水）	5%	54%
衣C（小麦粉と卵・水）	13%	46%

ため油切れが悪く，油が少なくても油っこく感じたと考えられ，もっとも好まれていない。

　では，天ぷらの衣の水と油の交代がうまく起こるためには，どうしたらよいか，次のa）～c）を参考にしてほしい[2]。

a）小麦粉に加えるのは卵水がよい　　水に卵を入れたことで，卵が急速に熱凝固し，水が水蒸気になって出ていくのをある程度妨げることで衣が膨張するのを助ける。そのため，軽い口ざわりにもなる。

b）小麦粉のタンパク質は少ない方がよい　　これは，小麦粉に含まれるタンパク質が多いほど，水を加えたときに形成されるグルテンの量が多いためである。グルテン形成によって衣の粘度が高まり，揚げたときに水と油の交代がうまくいかず，カラリとした仕上がりになりにくい。また衣をつくってからの時間の要素も大きく，水を加えた後の時間とともにグルテンのネットワークが複雑になり衣の粘度が増して，より水と油の交代がうまくいかなくなるため注意が必要である。

c）水温は15℃くらいがよい　　温度が低いほどグルテン形成は抑えられる。しかし，低すぎると揚げるときの温度上昇に時間がかかり，この間にグルテンが形成されてしまう。そ

のため，天ぷらの衣はつくったら多少ダマがあってもすぐ揚げることが推奨されている。

3. 米粉の天ぷらの衣

製菓用米粉は粒子が細かく，水を加えてもダマができにくく，時間が経っても衣の状態はかわらない，というメリットがある。そこで，製菓用米粉を天ぷらの衣として調理してみることとした。

小麦粉の場合はダマができると，それをつぶしている間に衣の粘度が高まる。水と油の交代がスムーズにいくことを優先するため，ダマがあってもできるだけはやく揚げることになっている。一方，製菓用米粉は，粒子がかなり小さいサイズで，総表面積が大きくなる。そのため，粒子は懸濁状態のまま沈まず安定しており，衣としての粘性もでる。ダマができにくいため，ダマをつぶす必要はなく，さらに，グルテンを形成せず，時間が経過しても粘性はそのままで扱いやすい。このことは天ぷらの衣だけでなく，ほかの調理品にも影響しているといえる。

米粉でつくったエビの天ぷら

小麦粉（薄力粉）と製菓用米粉の天ぷらの衣の比較を行った実験がある。それによると，粉に対して1.6倍の水を加えたバッター生地は米粉のほうが粘性が低く，ゆるく流れやすい。また，米粉の粘性を高めるためには粉の0.9倍の水にするとやや粘性が高まるが，これ以上水が少ないとバッター生

地が乾燥するため限界であることなどが報告されている[3]。

═ "米粉を天ぷらの衣に" のまとめ ═

・米粉で衣をつくるとき，小麦粉のようなダマがほとんどできないのでつくりやすい。

・衣をつくっても，小麦粉のようにグルテン形成に伴う衣の粘性がでてこないので，時間が経っても扱いやすい。

---

4. そのほか衣としての利用

　小麦粉を利用した衣には，唐揚げや魚のムニエルなどがある。衣を食材にまとわせる際，最近はポリ袋の中に必要な粉と材料を入れて振ったりすることで，粉が指にまとわりつくのを防いでいる。米粉を用いると，そのような工夫をしなくても手にベタつきにくく，操作はぐっとやりやすい。しかも揚げた食材はサクッとしたテクスチャーを長く保持しているため，手軽にさまざまな衣として小麦粉と同様に活用できるといえよう。

3 ソース類

　ソース類はさまざまな料理に用いられ，料理を引き立てる。その役割は風味を付与し，さらにトロッとした口ざわりをもたらすことで新たなおいしさを加える。とろみ剤としてはコーンスターチや片栗粉など，植物から取り出したデンプンのほかに，デンプンを多く含む小麦粉がよく用いられている。

1. 小麦粉からつくるソース

　小麦粉の場合は，一度，油脂で炒めてルーをつくり，それを液体でのばしてソースとすることが多い。

　ルーからつくるソースは，とろみはつくが粘りが強すぎない。いわゆるさらりとした適度な粘性に仕上がる。はじめに小麦粉を油脂で炒めることで糊化することなく，デンプンはところどころ熱分解して低分子化するため，あとから液体を加えて糊化したときにこのようなさらりとした粘りが得られる。

グラタン

ホワイトシチュー

2. 米粉からつくるソース

　米粉のソースでは，デンプンによるとろみが期待される。では，小麦粉とどのようなちがいがあるのだろうか。

①ホワイトソース

　製菓用米粉とバターを1：1の重量比でホワイトソースをつくり，小麦粉の場合と比較してみた（図3-1）[4]。

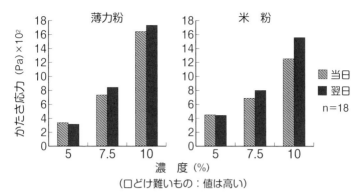

図3-1　ホワイトソースの口どけやすさ（粉：バター＝1：1）[4]

　一般的に，小麦粉の使用濃度はソースの3〜6％からクリームコロッケの10％前後で用いられている。そのため，実験では，粉濃度を5％，7.5％，10％として，120℃に加熱したルーに牛乳とスープを加えてホワイトソースにしている。

　米粉と小麦粉のソースのかたさは，7.5％までほとんど変わらず，10％になると米粉のほうがやわらかかった。しかし，米粉10％濃度のソースは翌日になるとかたさが増して，調製当日の小麦粉ソースのかたさに近くなっていた。

　クリームコロッケのように濃度が高いソースでは，米粉ホワイトソースが翌日にかたくなることを応用してつくるとよい。さらに，米粉ソースのほうが，外観の白さや塩味を強く感じ，なめらかな舌ざわりなどの面からも好む人が多かった。

　また，粉を油脂で炒めるときは，油脂量も種々の割合で用いられる。一般的には粉と同量〜0.5量を用いる。そこで，米粉濃度5〜10％に対してバターの量を同量から0.75量，0.5量と

してソースをつくり，かたさを比較した。その結果，粉に対して加えるバターの割合が変化しても，かたさに大きなちがいはみられなかった（図3-2）。

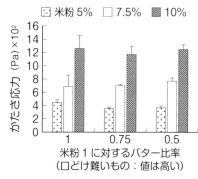

☒ 米粉5%　□ 7.5%　■ 10%

図3-2　ホワイトソース・バター比のちがいと口どけやすさ（当日）[4]

②ブラウンソース

米粉と小麦粉でつくったブラウンソースのかたさのちがいは，つくった当日においては，大きな差はみられなかった[4]。

ブラウンソースはルーを170℃になるまで加熱するが，小麦粉では20分間，米粉では30分間を要した。ブラウンソースのかたさは，ルーの炒め時間が長いためデンプンの分解がすすみ，ソースにしたときの粘性がホワイトソースの1/2以下と低く，さらりとしている。この特性は米粉と小麦粉の両方に共通しているが，翌日になると小麦粉の方が，かたさがより増大していた（図3-3）。

このような米粉と小麦粉の翌日のかたさの変化のちがいには，デンプンの分解の程度とタンパク質との相互作用が考えられる。このことから前日につくりおいた高濃度のソースを翌日に使う場合は，時間が経ってもかたくなりにくい米粉のほうが扱いやすく，安定したソースが得られる。

また，粉を炒めるときに加える油脂量のちがいが，かたさに

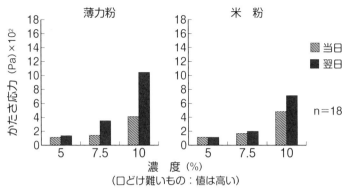

図3-3　ブラウンソースの口どけやすさ（粉：バター＝1：1）[4]

及ぼす影響をホワイトルーのときと同様に比較してみた。米粉
濃度は5～10％でバターを同量～0.75量，0.5量用いてルーをつ
くり，ソースにしたときのかたさを調べた。その結果，米粉濃

度が5％と7.5％では加
えるバターの比率によ
るかたさのちがいはみ
られなかったが，米粉
濃度10％と濃いソー
スでは，バター比を
0.5量に減らしたとき，
ソースのかたさは激減
した（図3-4）。このこ
とから，濃いブラウン
ソースをつくるとき

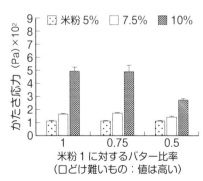

図3-4　ブラウンソース濃度・バター比
のちがいと口どけやすさ(当日)[4]

は，加える油脂量の割合でかたさが変わることを理解して，それを考慮する必要がある。

③クリームシチュー

クリームソースのような煮込み料理にとろみをつけるとき，ホワイトルーをつくってから液体を加えるという二段階の操作を行わないでも，食材に直接に粉を振り込む方法（振り込み式）がある。小麦粉でも振り込み式でとろみをつけることは行われているが，スープなど液体を加えたときにダマができやすく，ダマができるとつぶすのに手間がかかってしまうことがよくある。

米粉のクリームシチューでは，食材を炒めたところに製菓用米粉を振り入れて，炒めたのちにスープを加えて煮込み，牛乳を加えて仕上げる。米粉では液体を加えてもダマにならず，粉がうまく分散してなめらかなとろみがつく。そのため，なめらかな舌ざわりが感じられ，小麦粉でつくったときよりもドロッとした感じが少なかった[5]。

═══ "米粉をソースに" のまとめ ═══

・米粉のルーにスープを加えても，小麦粉のようなダマができず，液体でのばしやすい。

・材料に直接振り入れても粉っぽくならない。

・口ざわりが，独特のなめらかさで，冷めてもおいしい。

---

4 麺　　類

1. う ど ん

　現在のうどんのつくり方が広く普及したのは江戸時代からである。小麦粉生地を手で引っ張って延ばす手延べ方式と，生地を麺棒でのばしてたたんで切る切り麺方式がある。前者では五島うどん，稲庭うどん，氷見うどん等，後者では讃岐うどん，武蔵野うどん，名古屋うどん等が有名である。

　小麦粉でつくるうどんは，生地の粘弾性を高めるために，食塩を加えて生地をよく捏ね，ねかし，ときには足で踏んだりしてグルテンの形成を促す。ここでの食塩のはたらきは，グルテンをつくるタンパク質であるグリアジンの粘性が増し，グルテンの網目構造が緻密になることで，生地全体の粘弾性が増し，かつ生地が引き締まるとされている。

　米粉でつくるうどんは，麺用米粉（アミロース含有量が多い）を使用する。つなぎの役割として片栗粉を米粉の約1/3程度用いるが，加える食塩は粉全体の1％弱程度でよい[5]。また小麦粉のときのような生地の捏ね方ではなく，水がなじむように捏ねて全体をひとまとめにするだけで

米粉うどん

よい。生地が手にくっつかない程度にまとまれば，麺棒で薄く延ばすことができる。ただし，小麦粉麺のように折りたたむことは難しく，延ばした状態で細く切る必要がある。米粉生地では折りたためるほどの粘弾性はもたないが，細く切ってゆでて流水にさらすことでモチモチ感のある「米粉うどん」として十分にいただける。冷でも温でも好みにあわせて食してよい。米粉うどんはゆで時間も2分程度と短く，生地をつくる時間も含めて短時間でできる「手軽な手づくりうどん」である。

2. 生パスタ

小麦粉でつくる生パスタは特有のモチっとした弾力があり，粘性のある食感を好む日本人の嗜好に合致している[6]。

米粉でグルテン無添加の生パスタをつくるには，つなぎを必要とする。タピオカデンプンやじゃがいもデンプンをつなぎに用いた米粉麺の研究がある。つなぎとして利用するデンプンをあらかじめ糊化させた場合と粉のまま用いる場合を比較しており，糊化させたもの（ペースト状）を加えたほうが生麺の状態で切れにくかった[7]。手捏ねでできるうどんと異なり，パスタは押し出し式製麺機を通すため切れにくいことは重要である[6]，としている。ほかにも，加えるタピオカデンプンを全量そのまま，あるいは一部を糊化させて，いずれの状態で加えても，製麺した生パスタをゆでた後のかたさは，ゆであげ2分後と30分後でほとんど変わらないという結果が得られている[7]。

小麦粉でつくった麺であれば当然ゆでた後は時間とともにのびやすくなり（ゆでのび），食味は低下する。米粉パスタ麺では

もともとコシが形成されにくいため，ゆで直後も放置後も物性がほとんど変わらない。ゆでた麺のやわらかさは好みの問題でもあるが，ゆでた後のゆでのびがほとんどないという点は小麦粉麺にはない利点である。

3. ニョッキ

イタリア料理のひとつであるニョッキは，ゆでたじゃがいもやかぼちゃをつぶし，小麦粉と卵を加えてつくった丸みのあるショートパスタの一種である。いろいろな好みの形につくれるのも楽しみのひとつである。

じゃがいもニョッキがつくられるようになったのは，1800年代にアメリカ大陸から伝わったじゃがいもを，イタリアで食用として使うようになってからで，元々は小麦粉を水で練ってつくっていたといわれる。名前の由来については，その見栄えの悪いことから，「のろま」，「バカ」という意味のイタリア語の「ニョッコ」の複数形で「ニョッキ」と名づけられたという説や，昔のロンゴバルト語の「指のつけ根」を意味するなど諸説ある。

◎米粉ニョッキをつくるためのポイントを知る

ニョッキを小麦粉（強力粉）と麺用米粉でつくって比較すると，材料の配合やゆで時間を工夫することで米粉ニョッキがより好ましくなることがわかった[4]。

ニョッキをゆでる時間を6分と9分に設定してゆであがりの状態をみると，小麦粉ニョッキではどちらのゆで時間とも良好

でゆであがり倍率もほぼ同程度であった。しかし，米粉ニョッキのゆで時間6分間はよかったが，9分になると生地が一部溶け出してしまっていた。理由として，小麦粉ニョッキよりつなぎ力が乏しいことがわかったため何か工夫が必要であると考えた。

ゆであがった米粉ニョッキ

そこで米粉とじゃがいもの割合は，小麦粉の場合と同様に1：2としたままで，加える卵の量を（小麦粉の3％に対して米粉では6％）増やしてみたところ，コシが強くしっかりしたテクスチャーとなった（図3-5）。

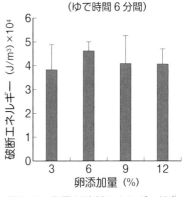

（ゆで時間6分間）

図3-5　卵量と破断エネルギー値[4]

ゆで時間6分の米粉ニョッキは，小麦粉ニョッキよりやわらかく弾力性が弱いとされたものの，嗜好的には，つや，モチモチ感，総合評価が好ましいとされた。

米粉ニョッキは卵なしでもつくれる。しかし，卵を追加することで弾力性をもたせつつ，独特のモチモチ感が得られ，小麦粉ニョッキとはまた異なるテクスチャーに仕上がる。

さまざまな工夫を施すことで，米粉ニョッキをより嗜好的に好ましいものにすることができる。

〔材　料〕約2食分（g）

じゃがいも	140
米　粉	70
卵（全量の6%）	14
塩（全量の0.5%）	1.2

米粉ニョッキの材料

1　じゃがいもをゆでる

5　まるめる

2　すり鉢でつぶし，する

6　棒状にのばし，切る

3　2.をすりながら卵を加える

7　手で押しつぶして形づくる

4　粉を加える

8　フォークで飾りをつける

ニョッキのつくり方

5　パ　ン

　小麦粉でつくられたパンは，生地中でグルテンが網目構造を
つくり，その網目構造にイースト発酵で生じた気泡（二酸化炭
素）が入り込んで生地を押し広げる。つづいて加熱による熱膨
張の際には，その気泡を逃がさないようにするための生地の粘
弾性が必要である。それらの条件が整うと，細かな気泡の入っ
たふっくらとしたパンになる。すなわち，小麦粉生地ではグル
テンが形成されればそのネットワークがデンプン粒を包み込ん
で気泡を逃がさない役割を果たすので，十分に膨化する。

1．米粉でパンをつくるには

　米粉では，グルテン形成がなく生地の粘弾性がないために，
イーストから発生した二酸化炭素は焼成時に熱膨張し，やわら
かい生地から空中に逃げてしまう。温度が上がると生地のデン
プンの糊化やタンパク質の変性によってかたくなり，気泡の熱

膨張を抑える。その結果，膨らみの悪いパンになる。

　米粉生地と小麦粉生地でパンをつくり比較した報告では，次のようなことを述べている[8]。

○米粉はグルテンがないため，焼く前のパンの生地はバター状，小麦粉生地はドウ状。
○米粉バターは小麦粉ドウに比べガス保持力が弱く，発酵時の生地膨張は約1/2程度。
○米粉は小麦粉パンと同じ方法では膨化しない。
○米粉パンは加水量が米粉に対して100％以上で膨化。
○米粉パンの比容積は小麦粉パンより明らかに小さい。
○米粉パンの加水量は粉に対して110％が適当。小麦粉は60％が適当なので約2倍必要。適度な加水量である粉の110％加水の米粉パンはしっとり，もっちりしており，小麦粉パンに比べて弾力がないとしている。

◎米粉だけでつくるパン

〔材　料〕
※パウンド型1個分（8×18×高さ6cm）
	(g)
米粉（パン用）	200
砂　糖	10
ドライイースト	4
塩	3
温水（37℃位）	180
サラダ油	10

米粉だけでつくるパンに使う材料

米粉パンは，パン用米粉にドライイースト，砂糖，塩だけを加えて混ぜ，発酵させて焼く，というとても簡単な方法[5]である。生地はゆるく，すくったときにリボン状に流れる程度。これを型にいれて発酵させると1.5倍くらいに膨らみ，そのまま焼く。焼きあがりは，色は白っぽく，食感はしっとりとモチモチ感のある独特のパンになる（口絵参照）。また，翌日，かたくなったパンを温めるために電子レンジではなく，蒸し器を用いると，やわらかくておいしく食べやすくなった。この蒸し器で温めるのに適しているという点は小麦粉パンにはない米粉パンの特徴である。むしろ焼きたてよりおいしいかもしれない。

米粉パン作成のようす

2. よりやわらかく，膨らむ米粉パンにむけて

　米粉生地でよりやわらかく，膨らむパンにするには，なんらかの添加材料によって生地中に成分間の相互作用が形成され，発酵時のガス保持能力を高めることが必要である。ガス保持能力を高めるためには，次のような材料があげられる。これらは単独で，あるいは，複数を組み合わせて用いることで効果的となる。

・片栗粉のようなデンプン
・キサンタンガム，グアガムのような増粘多糖類
・ネットワーク形成能がある絹フィブロイン
・デンプンを含むいも類（β-アミラーゼを含むさつまいも，ながいも）
・形状保形剤
　　例：ヒドロキシプロピルメチルセルロース（HPMC）*，
　　　　グルタチオンなど
・あらかじめ糊化させた（ペースト状にした）米粉

＊知っておきたい用語

　ヒドロキシプロピルメチルセルロース（HPMC）：通称「メトロース」信越化学工業株式会社製の植物のパルプを原料としてつくった水溶性の増粘剤で，加熱するとゲル化し，冷却すると元の状態に戻る。高い界面活性を示し，保護コロイド剤，泡安定剤，乳化安定剤として機能する性質がある。薬やサプリメントでコーティング剤や植物性のカプセルの原料として使われていたが，近年食品への使用も進んでいる増粘剤である[9]。かさ高い食パンなどをつくるときに有効である。

3. 米粉パンをつくるときのポイント

　ふっくらとやわらかい米粉パンをつくるには，どのような工夫をしたらよいだろうか。小麦粉パンの特徴を踏まえ，グルテン形成がない米粉で膨らむパンをつくるときのポイントを追求した。

① "ねかし" を24時間

　小麦粉に水を加えるとタンパク質の吸水がすすんでグルテンができるのに対して，米粉はグルテン形成がないためその吸水がすすまず，水が余分にあり，生地がゆるい状態になる。また，小麦粉ではグルテンの網目構造をより緻密にするために"ねかす"操作を行っている。

　では，米粉でこの操作は必要なのだろうかと考え，ねかす操作を24時間行った。すると，パンの比容積が大きくなり，パンの内相はきめが細かく，やわらかくなったのである[10]。また，生地調製後そのまま焼成した米粉パンと，24時間ねかした後に焼成した米粉パンの比容積とかたさを比較すると，ねかし時間を加えることで，比容積は大きくなり，やわらかくなった（図3-6）[11]。

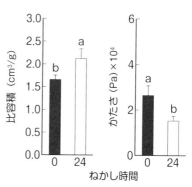

図3-6　米粉パン生地のねかしによる性状変化[11]

このねかしの効果は米粉と小麦粉では異なり，米粉ではデンプン粒に対する影響が大きいと考えられる。すなわち，ねかしにより生地の水和がすすみ，その影響を受けるのはデンプンであり，デンプン粒が吸水して膨潤すれば糊化しやすくなる。よって，生地全体の粘弾性が高まるというわけである。

②増粘剤の利用

生地に加える水に何かを添加して粘度が高まることは，生地全体の粘度が高くなることに相当する。そこで用いられるのが，増粘剤である。増粘剤を加えることによって，デンプン周囲の粘度が増し，生地の粘弾性があがる。

では，食品添加物の増粘剤としてよく用いられている，キサンタンガムを使うとどうなるだろうか。キサンタンガムは米や小麦などのデンプンよりはるかに分子量が大きく，水に混ぜると粘性が出てくる。粉末のまま生地に加えるよりもゾル状にして加えることでより一層効果がでる。

2％濃度のゾル状キサンタンガムを米粉重量の1％量加えたときが，焼成後のパンの比容積はもっとも大きくなり，もっともやわらかくできあがった。生地全体の粘性があがったことで膨らみがよくなったとみなされる。ただし，ゾル状キサンタンガムを加えて生地の粘性があがることで操作しにくくなるため，加水量についても多少増やす必要があった[11]。

③タンパク質の利用

生地中のデンプン周囲の粘性増加にネットワークをつくるタンパク質を添加する実験も行われている。小麦粉生地ではデンプン粒のまわりをグルテンのネットワークが覆っている。一

方，米粉ではこのようなタンパク質を加えることでデンプン周囲の粘性が高まり，生地として粘弾性がでてくることになる。

そこで用いられたのが屑絹から抽出される「絹フィブロイン」であり，濃度や温度を選ぶことによってネットワークをつくり，ゲル化するとともに優れた泡沫特性を有する。

この絹フィブロインをスポンジケーキに応用した例がある。米粉と絹フィブロイン泡沫を用いたスポンジケーキは，薄力粉と卵白泡沫を用いたスポンジケーキと比べ比容積が低くなり，膨化は小さかったものの，しっとりしておいしく，老化現象は遅くなったと報告されている[12]。

では，米粉パンに絹フィブロインを添加した場合はどうなるか。絹フィブロインを米粉重量の0.5〜2.0%添加したところ，1.5%まで添加量を増やすことでパンの比容積は上昇した（図3-7）。絹フィブロイン添加と同時に，さらに米粉の30%量を糊状にして加えた食パンは，比容積が高く，かたさのやわらかい嗜好的に好まれる形状になった[11]。

これまでの報告から，米粉パンの生地に絹フィブロインを添加することはガス保持および保形剤としての効果が期待できる。

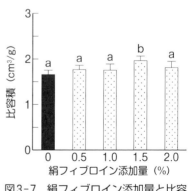

図3-7　絹フィブロイン添加量と比容積[11]

④さつまいもの添加

さつまいもなどに含まれているβ-アミラーゼはデンプンの末端から低分子のマルトースを生成し、マルトース含量が増えることでデンプンの老化現象を抑制すると考えられている。さらにマルトースの蓄積によって、水分の保持と甘味増加効果が期待されることも報告されている[13]。

米粉パンは、モチモチとした独特の食感を伴い、日本人の嗜好性に合致するが、一方で老化が速いこともあげられている。これはマイナス面でもあり、老化現象を抑制すると期待されるβ-アミラーゼを含むさつまいもを加えてみることにした。この実験では、さつまいもを米粉の4%または5%加えた米粉パンの1日後、2日後のかたさを、さつまいも無しの米粉パンと比較したものである。さつまいもを加えたパンのかたさは、添加量が多くなるほどやわらかくなっていた。特に、2日後にはそのちがいはいっそう明らかであった（図3-8）。米粉パンに用いる粉の一部をさつまいもに置き換えることは、米粉パンの老化抑制に有効に作用しているといえる[14]。

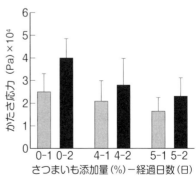

図3-8　さつまいも添加量によるかたさの変化[14]

⑤β-アミラーゼ添加の効果

前述でも触れているが，β-アミラーゼはデンプンの老化を抑制する効果があることから，市販のβ-アミラーゼそのものを使用し，米粉パンに加えて仕上がり性状を比較した。

使用量は，使用適量範囲とされる粉重量の0.025％，0.05％，0.1％量の3段階の割合で加えてつくった。β-アミラーゼを添加することで，比容積値は3.1〜3.5cm³/gと増加した[15]（図3-9）。

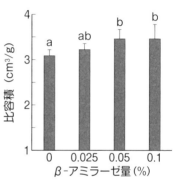

この値は，膨化状態が良好な米粉パン（米粉100％，グルテン15％添加）の比容積値は，3.1〜3.3cm³/gだったとする報告[16]と比べても，ほぼ同等の高い値である。β-アミラーゼの添加は米粉パンの膨化に効果的といえる。

図3-9　β-アミラーゼ添加量と米粉パンの比容積[15]

⑥米粉パンに適した米の品種

米のアミロース含有率は食品加工において重要な形質のひとつである。これは，デンプンの糊化特性に影響し，米粉パン製造でも品質に影響することはすでに明らかになっている。

米粉パン（ここでは米にグルテンを15％添加）をつくるとき，アミロース含有率が中程度（17〜23％前後）や，多収穫米品種の米粉を用いると，ケービング現象（焼いたあとにパンの上面または

側面がへこむこと）も生じず、それほどかたくもならず、しっとり感やモチモチ感を有したもっとも食パンに適したものができることがわかった[17]。さらに、アミロース含有率の異なる米粉から同様に食パンをつくり、その形状や硬化速度を比較した結果、低アミロース米（含有率5〜15％）を用いると、しっとりしてモチモチ感が強いが、過度にやわらかく、ケービング現象が生じた。また、高アミロース米（含有率25％以上）では、形状はしっかりして比容積も高かったが、保存する日数が長くなるにつれてかたくパサパサする傾向がみられ、好ましくなかった。

"米粉をパンに"のまとめ

・生地に加える水の量は粉の85〜90％、バッター状で扱う。
・発酵は1回だけで予備発酵なしの時短操作になる。

6　ポンデケージョ

　ポンデケージョはブラジルから生み出されたパンの一種で、ポルトガル語で「チーズのパン」という意味である。キャッサバいものデンプン（タピオカ粉）とブラジル特産のチーズ（ミナス・フレスカル）、卵、オリ

米粉のポンデケージョ

ーブオイルなどでつくられる発酵を伴わないパンである。表面はかたく，中はモチモチした食感で，チーズの香りと塩味がそのおいしさを引き立て，スナック感覚でも食べられている。タピオカ粉由来のモチモチした食感はポンデケージョの特徴でもあるが，モチモチ感は米粉に加水して加熱したときの食感と通じるものがあり，日本では入手しにくいタピオカ粉に代替して，米粉でポンデケージョをつくることは十分可能である。

◎米粉ポンデケージョの決め手

米粉ポンデケージョをつくるにあたり，上新粉と白玉粉でまず実験的につくってみた[18]。

上新粉と白玉粉を使ってポンデケージョをつくると，上新粉の割合が多い場合膨らみが悪く，かたくてもろくなる。一方，白玉粉の割合が多いと膨化がよく（図3-10），やわらかくモチモチした食感になるが，白玉粉だけでは丸い形状にならない。そこで上新粉と白玉粉を半々に用いてみたところ，形状は丸くなり，さらにモチモチした食感をもちつつ歯切れもよい状態が得られた（図3-11）。

また，興味深いことにポンデケージョは，ベーキングパウダー未使用，卵も泡立てない，イースト菌による発酵も行わないでつくるにもかかわらず，比容積はスポンジケーキ（1.5〜2程度）に近いくらいありしっかりと膨らむ。材料を混ぜるときに空気が入るにしても，それだけで2倍近く膨らむものだろうか，膨らむ原因はなんだろうか？と疑問に思った。

原因を探るために，捏ね回数を増やしたり，ベーキングパウ

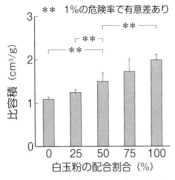

図3-10 配合割合のちがいと比容積の変化[18]

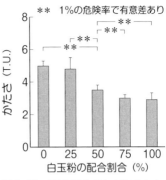

図3-11 配合割合のちがいとかたさの変化[18]

ダーを添加したりして，同様につくってみたが比容積は増えなかった。となると，ポンデケージョの膨化の機構は生地に取り込まれた気泡や発生する気泡の熱膨張ではないと考えた。

　そこで，使用材料のチーズに着目し，加える量や形状を検討した。すると，チーズの加え方によって膨らみ方がちがうことがわかった。粉チーズの割合が多いほど比容積は大きくなり，断面もきめの細かい気泡となる。チーズは粉チーズであることが重要で，5mm角に切ったチーズを加えても膨化しない。また，粉チーズを加えない米粉ポンデケージョは皮が厚くなり，表面にひび割れが生じてしまう。さらに，粉チーズは米粉の80％まで加えるのがもっともよく，きめの細かい気泡ができ，比容積も高いものができあがることがわかった。これらのことからも，粉チーズはポンデケージョの生地中で気泡の保持と膨化の要因となっていると考えられた。

次に着目したのが牛乳の量と温度である。生地の水分が多いほど焼きあがりはやわらかくなるが，牛乳の量を増やすと，手で捏ねて丸めるにはやわらかすぎて扱いにくくなる。しかし，加える牛乳を90℃まで温める（加温）と，米粉の一部が糊化して牛乳量を増やすことができた。牛乳を加温することがポイントで，この操作により生地の伸展性が増し，生地中の気泡をしっかり保持し，膨化が促進されたと考えられる[18]。

上新粉と白玉粉でつくる方法とは別に，パン用米粉だけでもポンデケージョをつくることができる。仕上りは，丸くて外側がかたく，中がしっとりとモチモチした食感が得られ，おいしくできあがった。

ただし，微細米粉でつくる場合は吸水量が白玉粉より少ないため生地がゆるくなってしまう。手で捏ねられる生地の状態にするために，米粉に加える牛乳の量を減らす，牛乳の量は変えずに米粉の量を増やす，温めた牛乳を用いる，などのいずれかの工夫が必要である。

〔材　料〕15〜16個分　　　（g）

米粉（パン用）	150
粉チーズ	80
牛　乳（90℃に温める）	160
卵	17
サラダ油	6

米粉のポンデケージョに使う材料

1	電子レンジで牛乳を温める (温めた牛乳の温度測定)	
2	米粉を混ぜながら1. を加える	
3	チーズ, サラダ油, 卵をよく混ぜる	
4	2. に3. を加える	

5	4. をよく混ぜる	
6	全体をひとまとめにまるめる	
7	25 g ずつにまるめる	
8	オーブンで170℃, 20 分間, 焼成	

ポンデケージョのつくり方

"米粉のポンデケージョ" のまとめ

・チーズには粉チーズを用いる。

・皮はかたく, 中はもっちりとやわらかく仕上げるため, 牛乳は温めて加える。

7 蒸しケーキ

　蒸しケーキの特徴はやわらかく，消化吸収がよいため，幼児のおやつなどに用いられることや具材として種々の野菜等を入れ込むことで多様性のある蒸しケーキに仕上げられることがある。このような蒸しケーキにも米粉は適しており，日本人の好む食感にあう，モチモチ感のある，しっとりとして口どけがよい，米独特の甘みのある風味を生かした「米粉蒸しケーキ」をつくることができると考えた。

蒸しケーキ

◎小麦粉と米粉の蒸しケーキの比較

　まず，小麦粉（薄力粉）と米粉（製菓用米粉）でつくった蒸しケーキについて比較した[19]。

		換水値
薄力粉	100	
卵	50	40
牛　乳	58	52
上白糖	30	12
サラダ油	12	9
	生地換水値	113[※1]
ベーキングパウダー(B.P)	4[※2]	

※1　生地全体の換水値113が蒸す前の生地としては扱いやすい。
※2　B.Pが少ないとやわらかく，多いとできあがりのきめが粗くなる。

＊知っておきたい用語

　換水値：小麦粉に水を加えて混ぜ，手で捏ねられるかたさの状態をドウ，捏ねられないものをバッターという。このとき，卵や砂糖などの添加材料は生地に直接水を加えるわけではないが，それを加えることで，ある程度水を加えたときと同じような影響を生地のかたさに与える。その程度を，水を1としたときにどのような値になるかで示したものが換水値を計算するための換算係数である。換算係数を用いて生地のかたさに与える影響を計算することで，水分としてどの程度に相当するかを知ることができる。

　たとえば，卵を100g加えたときは，換算係数は0.8なので80gの水を加えたときと同じ影響を生地に与えることになり，添加する材料の換算係数を用いて生地全体の換水値を求めることができる。

〈換水値を計算するための換算係数（材料温度30℃のとき）〉
　　水（1），牛乳（0.9），卵（0.8），砂糖（0.3〜0.4），
　　バター（0.7），サラダ油（0.75）

　添加する材料の換算係数を用いて生地全体の値を計算すると，前述の小麦粉蒸しケーキの場合は，粉100gに対して，添加材料として水113gを加えた生地と同じくらいのかたさになることを表している。

　米粉は小麦粉に比べて吸水量が多いため，扱いやすい生地になるように，加える水分量を検討しなければならない。そこで，換水値の範囲を125〜143にして，卵，牛乳，それぞれの割合を変え，さらにベーキングパウダーも5〜8%の範囲と増量してつくってみた。

　その結果，米粉蒸しケーキの場合は換水値143がもっとも良

好な形状を示し，さらに以下のような材料の割合（卵と牛乳の割合で卵の割合を多くする）が最適であった。

		換水値
米　粉	100	
卵	98	78
牛　乳	49	44
上白糖	30	12
サラダ油	12	9
ベーキングパウダー（B.P）	8	
	換水値合計	143

　小麦粉では約1：1で扱った卵と牛乳の比率は，米粉の場合2（卵）：1（牛乳）と卵の割合を多く調整したほうが，生地が扱いやすく，仕上がったときの形状もよくなった。

　上記のそれぞれの材料配合でつくった小麦粉と米粉の蒸しケーキについて，機器測定により，比容積，かたさ，凝集性（もちっとした食感に関係）を比べた。比容積は，米粉のほうがやや小さく，かたさはややわらかめで凝集性が高いという結果であった（図3-12, 3-13）。

　官能評価では，きめの細かさややわらかさ，弾力，しっとり感などいずれも差はなく，嗜好性においても総合評価を含め，明らかな差はみられなかった。米粉でつくる蒸しケーキは，卵を牛乳の割合より多くすることで生地の結合力を強め，換水値は小麦粉蒸しケーキより大きくし，米粉に適した吸水力に対応させる。さらに，ベーキングパウダーも多めに用いることで，

薄力粉：対照
米粉A：換水値143・ベーキングパウダー7
米粉B：換水値143・ベーキングパウダー8

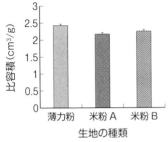
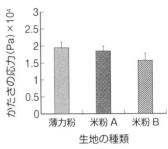

図3-12　生地の種類と比容積とかたさ応力[19]

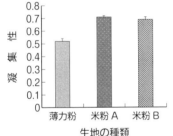

薄力粉：対照
米粉A：換水値143・ベーキングパウダー7
米粉B：換水値143・ベーキングパウダー8

図3-13　生地の種類と凝集性[19]

米粉独特のモチモチ感をもつ好ましい蒸しケーキができること
がわかった[19]。

8　パンケーキ

パンケーキの「パン」はフライパンのことで，フライパンで

つくるケーキという意味である。ホットケーキともいうが，その由来は日本でホットケーキミックスを最初に発売した会社の社長が「温かいケーキだからホットケーキにしよう」と考案したともいわれている。

　パンケーキの生地はフライパンに流し入れたあと，ある程度広がるような粘性が望ましい。生地の粘性が高すぎるとフライパン上で団子状になって広がりにくく，加熱したとき中心部まで火が通りにくい。一方，粘性が低すぎると薄く広がりすぎて，膨らむ前に生地がかたまってしまう。

　パンケーキの膨らみは，ベーキングパウダーから発生する二酸化炭素が熱膨張したものであるが，生地の流動性があるうちは気泡の一部は空中に逃げていく。実際，焼く前の生地を放置するとプツプツと泡が出て，気泡が逃げていくのがわかる。粉に水分を加えた後はなるべくはやく焼かないと，焼く前に膨らむもとになる気泡が減ってしまう。また，生地の粘性が低くても焼いている間もどんどん気泡が逃げていき，表面にたくさんの穴のようなくぼみができる。

　生地の粘性は，高すぎると気泡が逃げるのを抑えることができるが，焼いたときの抵抗力が大きくなり，気泡による熱膨張が起こりづらく，膨らみにくくなる。特に小麦粉でつくる場合は，生地を放置するとグルテンの形成により粘性が高くなるため，この現象が起こりやすい。しかし，米粉の

パンケーキ

場合はグルテンが形成されないため，生地をつくって放置しても生地の粘性が変わらず，時間をあまり気にしなくてよい。

　米粉でつくると，食感はモチモチ感のある，小麦粉とまた異なるおいしいパンケーキができるのではないか。そう考え，小麦粉（薄力粉）パンケーキとすべて同じ配合で米粉パンケーキをつくったところ，米粉生地はかたくて扱いにくかった。そのため，米粉に適したパンケーキの配合が必要であることがわかった[4),20)]。

　そこで，材料の卵と牛乳の量を変えてつくってみた。その結果，米粉パンケーキとして適した配合は表3-2のようになった。

　米粉でつくる材料配合は，小麦粉の場合（換水値165）よりも，卵と牛乳を多くすること（換水値186）で，小麦粉に劣らない仕上がりとなった。生地の物性に影響する換水値は米粉のほうが高く，生地中の水分も米粉のほうが多い。

表3-2　粉のちがいによる適した材料配合[20)]

材　料	薄力粉	米　粉
粉	100	100
卵	55	60
牛　　　乳	100	120
砂　　　糖	30	30
食　　　塩	1.2	1.2
サ　ラ　ダ　油	15	15
バ　タ　ー（溶かし）	7.5	7.5
ベーキングパウダー	7	7
換　水　値	165	186

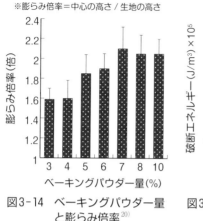

※膨らみ倍率＝中心の高さ / 生地の高さ

図3-14　ベーキングパウダー量と膨らみ倍率[20]

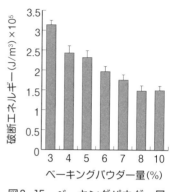

図3-15　ベーキングパウダー量と破断エネルギー[20]

　ベーキングパウダーは粉の3〜4％程度加えられるのが一般的だが，実験的に小麦粉に対して3〜10％加えてみると，7％までは量が多いほどパンケーキは膨らんだが，7％を超えると膨らみは変わらない（図3-14）。また，かたさも7％までは添加量が多いほどやわらかくなり，それを超えると大きな変化はない（図3-15）。食味は8％以上添加するとベーキングパウダー独特の苦みが感じられてしまう。そのため，米粉パンケーキでベーキングパウダーを多め加えたほうがよいといっても7％前後までが適量である。

　また，それぞれに適した配合で焼いたパンケーキの官能評価では，米粉は食感がモチモチとしていて甘さを強く感じ，小麦粉はやわらかくホットケーキらしい香りが強いと評価されていた[4],[20]。

このことから，どちらも適した配合でつくれば好みの状態に仕上げることができる。

=== "米粉パンケーキ"のまとめ ===

・牛乳，卵を小麦粉に加える量より増量することで，扱いやすい米粉の生地がつくれる。

・ベーキングパウダー量は7％前後を加える。

---

9 ワッフル

　ワッフルは，小麦粉，牛乳，卵，砂糖，ベーキングパウダーを混ぜた生地をワッフル型の鉄板の間に挟んで焼いた菓子である。熱した金属製のワッフル型に流し入れた生地が，型の中で全体に薄く広がり，熱が均一に伝わって，型の模様通りに焼きあがる。粉砂糖をかけたり，温かいうちにジャムなどをぬって2つ折りにすることが多い。ワッフル型がなければフライパンで焼くのでもよいが，生地の粘性は流し入れて少し広げられる程度が望ましいとされている。

　米粉でもこのワッフルをつくることができる。同じ配合，つくり方で米粉と小麦粉のワッフルと比較した報告がある[21]。この研究では，北海道における食料自給率が高いことを活かして，北海道産の米粉および小麦粉の使用をさらに広めようとすることも目的のひとつにあげられている。

用いた粉の粒度は米粉のほうが50％粒子径（粒度分布のうち全体の50％にあたる粒子径）が小麦粉より小さく，かつ広範囲に分布していた。

焼きあがったワッフルの色は，米粉のほうが白っぽく，黄色味が少ない。また，膨らみの程度を示す比容積では，米粉は小麦粉より小さく（膨らまず），米粉のほうがかたくなった。

このようなちがいはあるものの，食感や食味などで，米粉はモチモチ感，しっとり感，味は好ましいと高く評価されていた[21]。

米粉の生地は，つくってからも粘りが増加することなく，扱いやすいうえに焼きあがりの嗜好も好ましい。そのため，ワッフルは小麦粉以外に米粉でも楽しむことができるといえる。

10 スポンジケーキ

スポンジケーキは泡立てた卵に砂糖を加え，小麦粉を混ぜて焼いたスポンジのようにふわふわしたケーキである。卵，特に卵白をよく泡立ててたくさんの気泡をつくり，その気泡1つ1つが焼成中に熱膨張することにより生地全体が2倍近くまで膨らむ。このとき，小麦粉を加えてから焼くまでの時間が長いと生地の粘性が高くなるので，気泡がつぶれ，さらに焼くときの抵抗が大きくなって熱膨張の妨げとなり，ふわふわした仕上がりにならない。そのため，小麦粉でスポンジケーキをつくる場合は，粉を混ぜた後はすみやかにオーブンで焼くことがポイントとなってくる。

小麦粉を加えたあと生地の粘性が高まるのはグルテン形成が影響しているためであり，米粉でつくる場合はその心配がないということが期待される。

◎米粉のスポンジケーキをつくるために

　小麦粉と製菓用米粉でつくったスポンジケーキを比較した研究がある[22]。従来の米粉であれば粒径が大きいので，バッター生地の比重が小麦粉のそれより大きいのに比べて，製菓用米粉は小麦粉の粒径に近くなっているため，焼く前のスポンジケーキ生地の密度は同程度である。一方，生地の粘性は製菓用米粉では小麦粉生地より低い。従来の米粉より損傷デンプンが少ないことが関係していると考えられる。スポンジケーキにおいて，粉を混ぜ合わせるときにグルテンが形成されないという点は製菓用米粉を扱いやすいものにしている。

　米粉スポンジケーキはより低温で長時間焼くのが望ましい。160℃のオーブンで米粉と小麦粉で同配合のスポンジケーキ生地250gの焼成時間を比較すると，米粉では45分間，小麦粉では38分間が適度であった。このことには，米粉の糊化温度が約4℃高く，また糊化に必要な熱量が多いことが影響している。

　米粉スポンジケーキ（生地250g）として適度な焼き時間は160℃で45分間であったが，小麦粉の38分間より焼き時間が長くなることは水分含量の低下や，端部がかたくなることにつながる。そこで，焼き時間が長くならない工夫として，米粉でスポンジケーキをつくるときは，生地の温度が上昇しやすいように体積を小さくするか，ロールケーキのように厚さが薄い形状

にすると合理的である。

　スポンジケーキでは焼く前の破泡（気泡が壊れること）は極力避けたい。それについて，小麦粉と米粉のちがいを比べた研究がある[23]。

　砂糖を加えて泡立てた卵に米粉または小麦粉を加えて，粉合わせ操作を機器により行い，その泡が壊れるようすを比較している。米粉の方が粉合わせ回数を増やしても気泡が壊れにくく（破泡しにくく），回数が少ないときは大小の気泡が混在していても回数を増やすことで気泡の大きさが揃ったことが明らかになっている。一方小麦粉の場合，機器で粉合わせをすることにより気泡が壊れやすく，また，破泡も起こっていた。すなわち，米粉を使用する際には混ぜ過ぎて膨らまないという心配が少ないということがいえる。

　また，スポンジケーキの組織の膨化過程や固定化におけるデンプンの役割について小麦粉や米粉の種類のちがいから性状を観察した研究もある[24]。

　デンプンは，スポンジケーキ焼成中に気泡の周辺を均一にとり囲んで気泡の膨張を保ち，高温になると糊化して気泡を固定化するという重要な役割を担っている。この研究は，タンパク質量の異なる3種類の粉（強力粉，薄力粉，タンパク質をほとんど含まない小麦デンプン）から生地をつくり，条件を一定にして各々のスポンジケーキの状態を比べたものである。

　結果は，小麦デンプンのバッターは比重が小さく，ケーキの比容積はもっとも大きくなった。薄力粉，強力粉とタンパク質量が多くなるにしたがって，バッターの比重は大きく，ケーキ

の比容積は小さくなった。これからも，過度のグルテンの形成は品質を低下させてしまうことに加え，スポンジケーキにおけるデンプンの役割の重要性がわかる。さらに，上記のことを踏まえ，小麦粉と同方法で上新粉と製菓用米粉を使ってスポンジケーキを調製している。上新粉では，生地をつくる段階で気泡の破壊がみられ，バッターももったりとして重たく，焼きあがりのケーキ容量は小麦デンプンケーキの約1/2と小さかった。製菓用米粉でつくると，薄力粉でつくったスポンジケーキのようにふっくらと焼きあがっていた。

　製菓用米粉は米デンプンが集まったままの複粒であることも報告されており，本結果は，製菓用米粉の損傷デンプンが少なく，角のない丸い形状で小麦粉と同等のサイズになっていることが仕上がりに影響したのであろう。

◎かぼちゃケーキ

　焼き菓子類ににんじん，ほうれんそう，トマト，かぼちゃなどの野菜を加える工夫も健康志向の高まりとともに増えている。そのなかでも，かぼちゃは鮮やかな黄色と独特の甘味をもち，ビタミン類，食物繊維など栄養面からも優れた野菜である。

　筆者らは生かぼちゃ，冷凍かぼちゃ，フレーク状乾燥かぼちゃの3種類の添加量を変えて薄力粉に加えてつくったスポンジケーキの特徴を比較している[25]。なにも加えないスポンジケーキでは，生地中の水分量が50％以上になると焼成後，中央部が大きくへこみ，もち状の層が下層に生じたが，生かぼちゃ，冷凍かぼちゃを加えたものは，スポンジ状の構造が維持され，し

かもやわらかくきめの細かな状態であった（図3-16）。

　これらのケーキに加えたかぼちゃ量は全重量の25〜35％程度のものが好まれ、その水分量は50〜55％であった。また、生地に加える生かぼちゃ、冷凍かぼちゃの状態を光学顕微鏡で観察すると、内容物が細胞のなかにしっかり詰まっており、しかも線維状物質の存在が確認された。一方のフレーク状かぼちゃでは、細胞の一部が崩れて内容物が溶出し、線維状物質は存在しなかった[25]。

　このように加えるかぼちゃによって組織構造がちがうことがケーキの仕上がり状態に影響をもたらす。さらに、かぼちゃを加えた生地中の水分量が50〜55％になってもスポンジ状の構造が維持され、やわらかできめの細かな嗜好的に好まれるスポンジケーキに仕上がったといえる。

　かぼちゃの効果を十分に生かすためには生かぼちゃあるいは

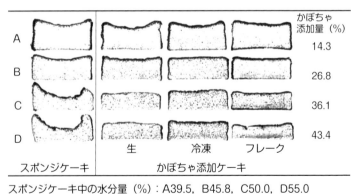

スポンジケーキ中の水分量（％）：A39.5、B45.8、C50.0、D55.0

図3-16　スポンジケーキおよび3種類のかぼちゃ添加ケーキの断面図[25]

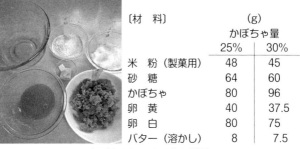

〔材 料〕	(g)	
	かぼちゃ量	
	25%	30%
米　粉（製菓用）	48	45
砂　糖	64	60
かぼちゃ	80	96
卵　黄	40	37.5
卵　白	80	75
バター（溶かし）	8	7.5

かぼちゃケーキに使う材料

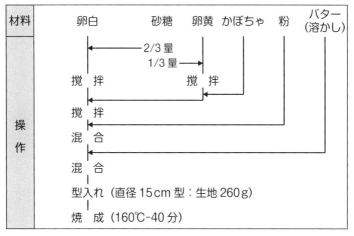

図3-17　かぼちゃケーキの調製方法[25]

冷凍かぼちゃを用いることが，形状，食味の点から望ましいことがわかる。さらに，スポンジケーキにはデンプンの果たす役割が特に重要となること[24]から，生かぼちゃを用いて，製菓用米粉でスポンジケーキを調製した。図3-17は，かぼちゃケ

ーキの調製方法である。

米粉（製菓用米粉）を使ったスポンジケーキ（生地中水分量46％）を対照として，それにかぼちゃ添加量25％および30％にしたスポンジケーキを比較した。なお，それぞれのかぼちゃ添加ケーキの生地中水分量は50％と52％であった。

かぼちゃ添加米粉ケーキの断面図は，口絵を参照しても明らかなように，製菓用米粉のスポンジケーキ（対照）に比べてかぼちゃを加えることで膨化状態は多少おさえられたが，スポンジ状の構造はしっかりと保持されていた。

食べてみると，かぼちゃを加えたことでやわらかく，よりしっとり感のある口ざわりのよいテクスチャーのケーキであった。

米粉（製菓用米粉）を使ってつくるスポンジケーキにおいても，かぼちゃを加えることで，生地中の水分量が多くしっとり感のあるものをつくることができた。ここでのポイントは，ケーキ生地重量の30％前後までかぼちゃを加えることが効果的ということである。

3cm 角に切った生かぼちゃをレンジで加熱

 3. を撹拌しながら, 4. を加える

 裏ごす

 粉を 5. に加える

 卵黄と砂糖を泡立て, 2. を加える

 溶かしバターを 6. に加える

 卵白を泡立ててメレンゲにしておく

 混ぜた生地の状態
これを型に入れ, オーブンで160℃, 40分焼く

米粉かぼちゃケーキのつくり方

========== "米粉スポンジケーキ" のまとめ ==========

・小麦粉ケーキの粉合わせ操作に比べて, 米粉ケーキでは粉合わせの回数が増えても気泡が壊れにくく, 扱いやすい。

・表面が色づきにくいので, 加熱温度は低め, 時間は長め, で焼成する。

11 ドーナツ

ドーナツ

ドーナツの起源については諸説あるが，なかでも有力なものとして，17世紀にオランダでつくられていた生地の真ん中にクルミをのせて揚げた菓子「オリーボル（oliebol）」が原型とされる[26]。ドーナツ（doughnut）の語源は，dough（生地）とnut（ナッツ）にちなんだもの。また，1847年にハンソン・グレゴリーが考案したとする説では，母親がつくってくれたドーナツの中心部がいつも生揚げだったので中心部に穴をあけたとか，さらにグレゴリーは船乗りだったので，船の操舵輪にドーナツをひっかけられるようにするため穴をあけたなどの説もある。

日本にドーナツが伝来したのは明治時代で，現在はイーストドーナツ，ケーキドーナツ，クルーラードーナツの3種類*のドーナツがつくられている。

*知っておきたい用語

　イーストドーナツ　　：パン酵母で生地を膨らませたもの。
　ケーキドーナツ　　　：ベーキングパウダーで膨らませたもの。
　クルーラードーナツ：生地の水蒸気圧で膨らませたもの。

では，米粉ドーナツをつくるために小麦粉ドーナツ（ケーキドーナツ）をつくり，どのような工夫が必要かを確かめてみた。小麦粉と同じ配合で製菓用米粉の揚げドーナツをつくってみると，米粉の生地はかたくてまとめられず，うまくつくれない。これは，米粉の吸水量が小麦粉より多く，生地全体に水分がいきわたらないためである。

　そこで，砂糖とバターの量は変えず，また卵と牛乳の比率も小麦粉のときと同じ5：2のままにして，加える量を増やすことを試みた。これは，生地の換水値をあげることを意味しており，小麦粉の場合は62にしているが，米粉では80〜95になるように調製したということである。その結果，米粉ドーナツ生地の換水値は95が適度であり，ベーキングパウダーも4.5%（小麦粉のときは3%）まで増やすことで揚げドーナツをつくれることがわかった。ところが，米粉の揚げドーナツとしてよいとされたものでも，小麦粉の揚げドーナツとはかなり異なった外観

表3-3　薄力粉と米粉を使った各種類のドーナツの配合[27]

材　料	揚　げ		焼　き
	薄力粉	米　粉	米　粉
粉	100	100	100
ベーキングパウダー	3	4.5	4.5
砂　糖	35	35	35
バター	10	10	30 (+5：上塗り用)
卵※	30	57	65
牛　乳※	12	23	26

※ 卵：牛乳は5：2の比率とした。

となり，かたかった。

そのため，考えたのが焼きドーナツにすることである。その際，米粉で生地をつくるときの副材料を，揚げのときより多くしてやわらかい生地（換水値120）をつくり，型に絞り入れてオーブンで焼く方法に変えることにした。これならば水分を多くしても，やわらかいドーナツをつくることができるということである。

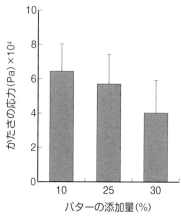

図3-18　米粉ドーナツ（焼き）の
バター量とかたさ[27]

揚げドーナツよりバターの多い焼きドーナツではかなりやわらかくなり，もろい。焼きドーナツのかたさはバターが多いほどやわらかくなる（図3-18）。

小麦粉でつくった揚げドーナツ（換水値62），米粉でつくった揚げドーナツ（換水値95），米粉でつくった焼きドーナツ（換水値120）の3種類の物性を機器測定で比較した。その結果，米粉でつくった揚げドーナツは，やはりどれよりもかなりかたく，もろさ*に欠けていた。そして，焼きドーナツにすることで小麦粉揚げドーナツと同程度のやわらかさになり，もろいテクスチャーに近づけることができた（図3-19）。

食味では，米粉焼きドーナツがよく膨らんで薄力粉揚げドーナツより好ましく，油っぽさも米粉焼きドーナツが好ましいと

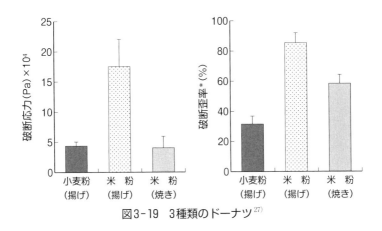

図3-19　3種類のドーナツ[27)]

＊知っておきたい用語

　　破断歪率 (もろさ)：もろさや弾性を表す。この値が高いと，もろさがない，すなわち，弾性が強いことを表す。破断歪率の値が低いと，崩れやすい，もろいことを表す。

　評価された。米粉でつくったドーナツ（揚げ，焼き）はともに小麦粉（揚げ）よりもっちりとしていたが，好みはそれぞれだった。

　これらからも，米粉でドーナツをつくることは嗜好面においても優れている。揚げた小麦粉ドーナツに劣らない好ましい米粉ドーナツにするためには，副材料を多くすることで水分量を多くして換水値を高め，オーブンを用いて"焼きドーナツ"にすることである。また，"焼き"は，"揚げ"操作の油の用意をする必要がなく，手間の省ける便利な調理法といえる[27)]。

> ━━━━━ "米粉ドーナツ" のまとめ ━━━━━
>
> 米粉ドーナツはバター状にやわらかくして絞り出し，オーブンで焼くことで，ほどよいドーナツがつくれる。

12 クッキー

　小麦粉でつくられる製品のひとつとして，子どもにも大人にも幅広く好まれているお菓子である。また，水分が少ないことから保存食としても重宝する。

　クッキーとは「"手づくり風"の外観を有し，糖分及び脂肪分の合計が重量百分比で40パーセント以上のもので，嗜好に応じ，卵製品，乳製品，ナッツ，乾果，蜂蜜等により製品の特徴付けを行って風味よく焼きあげたもの」という定義もある[28]。

　粉に加える副材料が多くなると味はおいしくなるが，生地が

アイスボックスクッキー

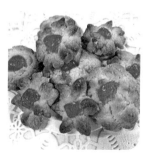

バタースナップクッキー

やわらかくなり手捏ね操作が難しくなる。クッキーはつくり方により，型抜き，絞り出し，アイスボックス，ドロップなどに分類される。なお，食品成分表ではビスケットのうち薄力粉を使ったソフトビスケットが「クッキー」とよばれるものに相当する。ちなみにハードビストは比較的グルテンの多い中力粉を使った歯ごたえのあるもので，ガス抜きのための針穴があいている。

　小麦粉でつくるクッキーの標準的な配合（主な材料は粉，バター，砂糖，卵）を使用して米粉で生地をつくると，米粉がより多くの水を吸収するため生地の水分が不足し粉っぽく，パサパサした生地となってしまう。パサつきのないやわらかい生地にするためには，副材料やつくり方の工夫が必要となる。

　一例として，生地をやわらかくするために牛乳を加えることで水分量を増やし，小麦粉でつくったクッキーの食感と近い状態になるようにした。すると，生地中の水分量が小麦粉では18.7％に対して，米粉では牛乳を加えて22.5％が適量となった。さらに，米粉クッキーは小麦粉に比べて甘みを感じにくいため，砂糖も小麦粉重量の30％から米粉では40％量に増やした。

　ここで異なる材料によるクッキーの物性のちがいをみるために，a）〜d）4種類のクッキーを比較した（図3-20）。

a）薄力粉でつくったクッキー（対照）
b）粉のみ米粉に代替したもの
c）米粉に牛乳を添加してやわらかく扱いやすくしたもの
d）米粉に牛乳と砂糖を添加したもの

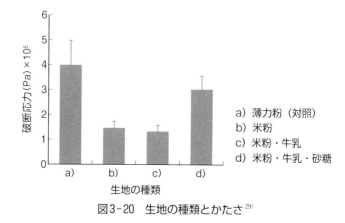

図3-20　生地の種類とかたさ[29)]

右側凡例：
a) 薄力粉（対照）
b) 米粉
c) 米粉・牛乳
d) 米粉・牛乳・砂糖

縦軸：破断応力(Pa)×10⁵
横軸：生地の種類

　かたさの測定においては，b) c) の米粉クッキーはa) の1/3前後までやわらかくなったが，d) は米粉に牛乳と砂糖を加えることでかたくなり，a) に近い性状になった。

　このa) とd) のクッキーについて官能評価を行うと，識別評価ではd) のほうが焼き色は薄く，かたさはやわらかい，さらに，もろいとされた。このようなちがいはあるものの，嗜好性については明らかな差はみられなかった[29)]。

◎米粉クッキーになにか加える工夫

　また米粉クッキーと小麦粉クッキーを比較しただけでなく，米粉のテクスチャーを改良するために，米粉以外に大豆タンパク質を利用した報告もある[30)]。

　米粉だけのクッキーは小麦粉クッキーより白っぽくて，やわらかく，比重が大きくて歯もろさがない。これを改良するため

に「米粉の10%を分離大豆タンパク質に変えると比重が小さくなり，よりやわらかくなった」とある。次に小麦粉と米粉をほぼ同量用い，分離大豆タンパク質を少し加えた配合にしてみたところ，かたさも米粉クッキーよりかたく，歯もろさはぐっと小麦粉クッキーに近づき，官能評価の嗜好性の面からも総合的に小麦粉クッキーと遜色ないものが得られた。このことから米粉を用いたクッキーの食味改良には大豆粉など，他の粉を混ぜるという工夫も効果的であり，オリジナルなものが期待でき，自分好みのものがつくれる楽しみもある。

　市販のレシピ[31]でも米粉の調理の添加材料のひとつとして"大豆粉"が用いられている。実際に米粉の10%量を大豆粉に代替してつくってみると，焼きあがったあとのクッキーの保形性がよくなり，しかもやわらかく歯もろさのあるクッキーに仕上がった。米粉を使った菓子類の物性改善等に，このような大豆粉を利用することも工夫のひとつである。

==== "米粉クッキー"のまとめ ====

・米粉の方が生地調製により多くの水分量が必要となる。

・米粉の方が甘味を感じにくいので砂糖を増やす。

・大豆粉などを加えることで，焼き色や性状が補える。

13 パ　イ

　パイは小麦粉，水，油脂からなるドウを何度も折りたたんで
焼きあげたもので，生地を焼くときに発生する水蒸気が生地の
間にも存在して，その蒸気圧によって生地の層がもち上げられ
た状態になったものである。

　つくり方は，大きく分けると「折りたたみ法」と「練り込み
法」の2種類がある。折りたたみ法は，小麦粉生地と油脂を薄
く延ばして層をつくり層状のパイをつくるため，グルテンの網
目構造が重要となる。一方，練り込み法は生地の中に粒状の油
脂が分散して入り込んだ状態のパイなのでグルテンのはたらき
がなくても生地がつくれる。グルテン形成がない米粉の場合，
練り込み法によりパイをつくる方法が合理的と考える。

◎米粉パイをつくるための工夫

　小麦粉（薄力粉）と米粉（製菓用米粉）のパイを練り込み法で
つくり比較した報告がある[32]。

　それによると，焼きあがりは，米粉パイではやや層状になる
ものの粒状の"おかき"のような形状も残っていた。しかし，
米粉に卵を加えたパイもつくっており，そのパイの生地はなめ
らかで層状の膨化もしっかり起こり，小麦粉パイに近いものに
なっていたという。これは，卵黄のタンパク質により，水とバ
ターを乳化させたことで，油脂が生地に均一に分散したと考え

られる。また，そのことにより伸びのよい生地となり，さらに加熱変性したタンパク質が膨化した生地を安定させている。すなわち，卵黄の効果がみられたのである。

米粉を使ったパイ生地は小麦粉でつくるときと比べると，生地をまとめる回数を増やす必要がある。また，できあがりの高さは低く焼き色はつきにくいが，特有のハードな食感となる。しかし，米粉に卵黄を加えることで，できあがりの高さも増し，焼き色もつき，層も形成される。そして，食感はもろくて崩れやすいテクスチャーとなり，より好まれた。

このことからも，練り込み法のパイであれば工夫次第で米粉パイをつくることが十分可能であることがわかる。

===== "米粉パイ" のまとめ =====

・つくり方は，練り込み法が適している。
・材料に卵黄を加えることで，生地の伸びやすさ，加熱時の生地の層状膨化の安定性が補われる。

---

14 シ ュ ー

シューはフランス語でキャベツという意味で，生地がムクムクと膨れ上がって焼きあがり生地の表面がひび割れ，キャベツのような形に仕上がるところからつけられたよび名といわれる。よび名は国によって異なり，本場フランスでは「シュー・

ア・ラ・クレーム」，イギリスでは「クリーム・パフ」，日本で
は「シュークリーム」といわれる。焼きあがったシュー自体に
は甘みはなく，膨れ上がったシュー皮の中は空洞になってい
る。そこに，おいしいクリームなどをたっぷり詰めて，シュー
皮とクリームが一体となったおいしさを味わうのがシュークリ
ームである。

　シュー皮の形成はペースト状の小麦粉生地を2段階で加熱し，
はじめてできあがる。1度目の加熱はガスコンロまたはIH調理
器などで行い，小麦粉のデンプンがある程度糊化し，タンパク
質のグルテンはほぼ失活という絶妙な温度帯の77〜78℃で鍋
を火からおろす。このタイミングが熟練を要するといわれてい
る。生地を冷ましてから卵を加えて混ぜた後，2度目の加熱を
オーブンで行う。このオーブンでの加熱も温度は2段階である。
最初は200℃の高温で20分くらい焼き，このときの後半で一気
に大きく膨らむ。ここで取り出してしまうと，まだ皮はやわら
かく強度が弱いため，シューっとしぼんでしまうので，そのま
ま加熱を続ける。その際，焦げないようにオーブン温度を170
℃付近に下げてさらに10分くらい焼く。この操作によって，
膨らんだ状態はそのままで，皮の
部分がしっかりとかたくなり，取
り出した後も膨らんだ状態を保っ
てくれるようになる。

　このように，シュー皮がうまく
膨らむかどうかは，1度目の加熱
で糊化したデンプンの粘性にかか

シュークリーム

っている。ということは，グルテンがない米粉でもつくれるということである。

◎米粉でシューをつくる

　表3-4に示したように，小麦粉（薄力粉）と米粉をそれぞれに適した配合にし，つくり方は同じようにして比較している。

　この米粉シューの適切な配合割合については，小麦粉で適切とされた割合を基として，米粉，バター，卵の順に材料配合を変化させてシューを調製し，仕上がり性状等を比較して決めている（全体量が100になるように水の量で調整）。

　卵量は，生地のやわらかさ等の面から，28〜36％のものが良好な状態であり，さらに断面の張り具合などから32％がもっとも適量と考えた。

　図3-21は米粉20，バター14として，卵の割合を24〜40の7段階に変化させたシューの断面写真である。

　シュー生地焼成中に水分蒸発が盛んに行われると，用いる粉が適量（米粉の量20〜24％）であれば生地がダレず，焼成後の比容積や均整比が大となる（図3-22）。

　米粉シューの外皮は，小麦粉に比べて色が薄く，香りも感じにくい。色や香りについては，小麦粉にはフラボノイド色素が

表3-4　各粉の最適材料配合（全体に対する割合）[33]

	粉	バター	卵	水
薄力粉	18	14	36	32
米　粉	20	14	32	34

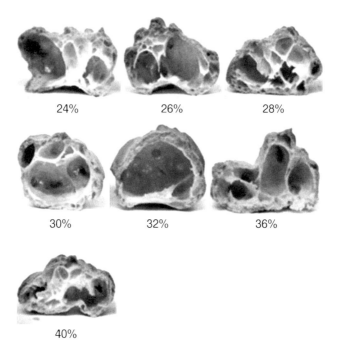

24%　　　　26%　　　　28%

30%　　　　32%　　　　36%

40%

図3-21　卵の配合割合の違いによる米粉シュー皮の断面[33]

含まれており，粉自体が多少黄色みを帯びていることや，タンパク質なども多く含まれるため，加熱中に起こる糖とアミノ酸の反応であるアミノカルボニル反応による褐変物質がより多く生じることがかかわっている。米粉でも小麦粉と同様な色や香りを付与したい場合には，砂糖を少し加えて褐変を促進させることも効果的である。

　なお，焼き色と香りに関しては米粉と小麦粉では差があるものの，味においては有意な差がみられなかった[33]。

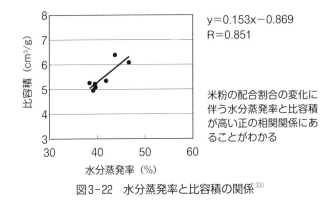

y=0.153x−0.869
R=0.851

米粉の配合割合の変化に
伴う水分蒸発率と比容積
が高い正の相関関係にあ
ることがわかる

図3-22　水分蒸発率と比容積の関係[33]

　ここで市販のレシピ本[5],[34]に載っている米粉シューもつく
ってみた。つくり方は，水とバターを沸騰させ，火からおろし
て米粉を入れて捏ねる。そのあと卵を加えてよく混ぜて，天板
に絞り出して焼くだけである。小麦粉の場合で調理科学的ポイ
ントとなる「一次加熱では生地が78℃になるまで」がここで
は必要ない。水と油脂分を沸騰させたあとは火からおろして米
粉を加えるだけで，生地に粘性がでてくる。参考にしたレシ
ピ[5]では，米粉60gに対して水100gで小麦粉の場合より水の
割合がやや少ないが，実際につくってみるとうまく膨らんで空
洞化がしっかり起った。

　米粉でつくるシュー皮は小麦粉でいうグルテンの失活操作に
あたる粉を加えてからの一次加熱の必要がなく，きわめて簡単
な操作でシュー皮をつくることができる。

 1 米粉シューの材料

 5 4 を撹拌しながら溶き卵を少しずつ入れる

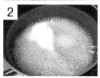 2 水，バター，砂糖，塩を鍋に入れ沸騰させる

 6 生地のかたさは，ゆっくりと垂れ落ちるくらい

 3 火を止め，粉を一気に入れる

 7 絞り袋から天板に丸く絞るしゃもじで表面縦横に凸凹をつけ霧吹きをかける

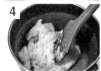 4 生地がひとまとまりになるまでよく捏ねる

 8 オーブンで 200℃で 20 分，170℃で 15 分焼く

═══ "米粉シュー"のまとめ ═══

・水，バターを沸騰させて火を止めた後，米粉，卵の順に加えて混ぜる簡単な操作で，絞り出す生地ができる。

・米粉のシューは，砂糖を少量加える，焼き時間を延長する，等で，焦げ色を補うことができる。

15 カスタードクリーム

　カスタードクリームは卵黄（卵），牛乳，小麦粉，砂糖からつくられ，なめらかなとろみを特徴とする。小麦粉調理の重要な役割の「とろみづけ」の対象のひとつとして，洋菓子に広く用いられているのがカスタードクリームである。加熱によって小麦粉のデンプンが糊化することで粘性がでてくるが，コーンスターチを使う場合もある。

　従来のカスタードクリームのつくり方（通常法）は，材料を鍋に入れて撹拌しながら加熱をして仕上げるが，生地の温度上昇に伴い急激なデンプンの糊化が起こると同時に粘性が高まる。そのため，加熱中の撹拌速度が追いつかないと，鍋底に焦げが生じたり，とろみが均一につかなかったりしてしまう。目安として1分間あたり90回の撹拌速度が必要だが，糊化に伴い抵抗が大きくなるので，力も必要である。

　では，小麦粉（薄力粉）を米粉（製菓用）に置き換えてカスタードクリームをつくるとどうなるだろうか？

　通常法でつくったときに，粉の濃度を3〜9％間で種々に変えてつくったカスタードクリームのかたさを比べると[35]，小麦粉では7％を超えると急激に粘度が上昇するが，米粉の場合は粘度があまり変わらず，扱いやすかった（図3-23）。

　これは，とろみづけという点では糊化したデンプンの粘性だけでも十分であるが，小麦粉ではさらにタンパク質の変性に伴

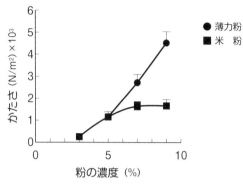

図3-23　粉の種類と濃度によるかたさの変化（通常法）[35]

う粘度増加も加わることで急激な粘度上昇となってくる。この点においては，米粉のほうが，加熱に伴う物性変化の速度が小さく，調節もしやすい。

　官能評価では同じ粉濃度の場合は小麦粉のほうが，口どけがよく，嗜好的に好まれたが，米粉カスタードクリーム単独でみると小麦粉カスタードクリームに劣るものではない。

◎電子レンジでつくるカスタードクリーム

　通常の加熱方法でカスタードクリームをつくるときの撹拌操作を軽減するために電子レンジを利用する方法がある[35]。

　つくり方は，全量400gの材料（米粉3〜9%，砂糖10%，卵黄5%，バター5%，牛乳は全量が400gとなるように調整）を容器に入れ，600Wで2分間加熱し，取り出して10秒間撹拌し，再度600Wで2分間加熱し撹拌する，という操作を2〜3回繰り返す。生地の温度は，1回目の加熱で62〜65℃，2回目の加熱で92〜

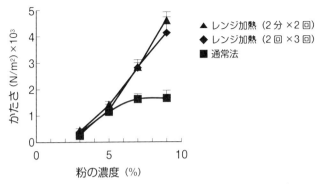

図3-24　米粉の濃度と加熱法によるかたさの変化[35]

95℃に上がり，粘性が出てくる。

　米粉の場合，粉濃度を生地全体の7〜9%にしてこの方法で
つくると，通常法でつくった同じ粉濃度の小麦粉カスタードク
リームとほぼ同程度のかたさとなる。電子レンジで加熱する方
法では，最初からすべての材料を混ぜて加熱する。そのため，
材料に加わる加熱条件が通常法と異なることも影響しているも
のと考えられる（図3-24）。

　レモンパイなどカスタードクリームを多量に使うようなとき
は，米粉の場合，電子レンジ加熱法を用いると簡単にかための
カスタードクリームをつくることができる。

━━━ "米粉カスタードクリーム" のまとめ ━━━

・濃度の高いカスタードクリームをつくるときは，加熱に伴
　うとろみの変化速度が小麦粉より小さく，調節しやすい。
・加熱操作に電子レンジを用いると簡単で扱いやすい。

●引用文献●

1) 松元文子他：油脂の調理に関する研究（第三報），家政学雑誌，9(2)，68-70，1958

2) 比留間トシ他：天ぷらの衣について，家政学雑誌，22(3)，159-163，1971

3) 谷口明日香他：雑穀粉の基礎特性をふまえた天ぷら衣用バッターの調製条件，日本家政学会誌，60(4)，217-224，2018

4) 市川朝子：米粉の調理，日本調理科学会誌，50(6)，280-282，2017

5) 高橋ヒロ：まいにち米粉 パンと料理とお菓子，池田書店，pp.16-17, 50，2022

6) 仲西由美子他：パスタの品位および物性について，日本食品工学会誌，16(3)，257-261，2015

7) 谷口泉他：米粉を用いた新規生パスタ麺の開発，名古屋文理大学紀要，19巻，43-49，2019

8) 藤井恵：米粉を用いた含砲食品の創製，日本調理科学会誌，42(4)，263-266，2009

9) 社団法人日本パン技術研究所：アレルゲンフリーブレッドの検討，製パン技術資料，NO690，1-29，2008

10) 香田智則他：グルテンを用いない米粉パンの製造技術，日本調理科学会誌，50(1)，1-5，2017

11) 大崎聡子他：グルテンフリー米粉パンの物性と食味に及ぼす絹フィブロインおよびキサンタンガムの影響，日本調理科学会誌，45(1)，9-18，2012

12) 藤井恵子他：絹フィブロインと複合化した米粉のスポンジケーキ調製とその特性，日本食品科学工学会誌，47(5)，363-368，2000

13) 伊藤聖子：米粉パンの製パン性向上と老化遅延に関する研究，日本調理科学会誌，50(2)，47-53，2017

14) 榎美紀：グルテンフリー米粉パンへのさつまいも添加の影響，

大妻女子大学卒業論文，2015

15) 市川朝子：グルテンフリー米粉食パンの物性に及ぼすβ-アミラーゼ添加の影響，日本食品科学工学会誌，64(12)，584-590，2017

16) 岡留美穂：米粉調製方法が生地の発酵と製パン性に及ぼす影響，和洋女子大学紀要，48，45-54，2008

17) 鈴木保宏：米粉パン等の米粉利用に適する品質特性と好適品種，応用糖質科学，2(1)，12-17，2012

18) 下坂智惠他：米粉を用いたポンデケージョの食味と物性に及ぼす影響，日本調理科学会誌，38(2)，135-142，2005

19) 小池絵里香：米粉蒸しパンの材料配合による物性への影響，大妻女子大学卒業論文，2015

20) 川島麻里奈：米粉でつくるパンケーキの特徴，大妻女子大学卒業論文，2013

21) 根本亜矢子他：米粉を用いたワッフルの特徴に関する研究，日本食生活学会誌，31(4)，241-247，2020

22) 八木千鶴他：小麦粉ケーキとの比較による微細米粉ケーキの特徴，日本調理科学会誌，48(2)，112-121，2015

23) 野口聡子他：微細米粉を用いたスポンジケーキ調製時の粉合わせ程度が生地および製品に及ぼす影響，日本調理科学会誌，50(6)，228-238，2017

24) 楠瀬千春：米粉とデンプンの調理性，日本調理科学会誌，42(5)，361-365，2009

25) 市川朝子他：かぼちゃの添加がスポンジケーキの食味と物性に及ぼす影響，日本調理科学会誌，40(2)，82-89，2007

26) 猫井登：お菓子の由来物語，幻冬舎ルネサンス，p.119，2008

27) 山岸香織：米粉ドーナツの材料配合と物性変化，大妻女子大学卒業論文，2014

28) 消費者庁：「ビスケット類の表示に関する公正競争規約及び同施行規則施行規則第2条（3）」（令和2年），2020

29) 小庄司和紗：米粉クッキーの調製条件の検討，大妻女子大学卒業論文，2015

30) 吉村美紀他：小麦粉，米粉，大豆タンパク質の組成の異なるクッキーの物性と嗜好性，日本家政学会誌，73(9)，551-560，2022

31) 石澤清美：ふんわりもっちり米粉のパンとお菓子，学研プラス，pp.6，11，31，2022

32) 中谷梢他：微細米粉を用いた練り込みパイクラストの卵黄添加による影響，日本調理科学会誌，52(1)，8-15，2019

33) 一瀬祐実他：微細米粉によるシュー皮の調製と評価，日本食品科学工学会誌，63(9)，420-426，2016

34) 中村りえ：米粉のおやつとおかず，宝島社，p.17，2022

35) 廣瀬めぐみ他：加熱条件の違いが米粉カスタードクリームの物性と食味におよぼす影響，日本食品科学工学会誌，60(12)，723-727，2013

第4章
今後への展望
－米，粒から粉へと
　　　すがたを変える－

古くから私たちの主食として重宝されてきた米の需要が激減してからはや二十数年が経つ。この間，日本の風土にあった米の需要を拡大するために，これまでにも述べているさまざまな取り組みが行われてきた。米を粒状で用いてきた今までから，すがたを変えた米粉（微細米粉）の今後に期待される展望をさらにまとめた[1]。

1 米粉製品に対する取り組みへの一歩

　米粉製品は地域での取り組みが中心となっていることが多い。そのことから，地産地消的な性格が強く，行政主導型と農業協同組合（JA）主導型による取り組み型がある。

　これまでの販売は，農産物直売所などでの販売や販路が限定されていることが多く，商品提供の機会を少なくしている可能性があった。また，製造技術が必ずしも確定されていないため，米粉製品の食味にばらつきが生じることもあり得た。

　米粉の消費を拡大するためには，なんといってもまず，広報を拡大し消費者への認知度を高め，それによって消費者からの納得できる対応が得られることが必要である。

　米粉普及の取り組みの一例として，学校給食における米粉パンの導入がある。この取り組みにより，米粉パンを提供されて味わっている子どもたちは年々増加している。たとえば，その子どもたちが，学校給食で食べた米粉パンにどのような感想をもっているか，そして，それを家庭の人へどの程度伝達してい

るのか，などについても分析していく。そのような取り組みを今後，家庭の食卓へも普及させていくための参考資料とすることも重要になろう。

これまでに，従来からの「米粉」とは異なる使用目的に沿った選択が可能なすばらしい多様性のある"微細米粉"が，産官学一体となって研究開発されてきている。この現実を，さらに深く，企業や家庭の実際に調理をする立場の人たちまで広範囲に伝える手段が講じられることが切に望まれる。

2 米粉に適した米の品種に関する取り組み

先にも触れているが，米の品種に関しては，収穫量をあげられる「多収穫米品種」の開発がすでに推進されている。多収穫米を利用することは原料米の安価で安定した供給につながり，一般品種に比べて，2割から4割の多収が見込まれている。

米粉の利用に適する多収穫米の品種としては，「べこあおば」，「タカナリ」，「北陸193号」，「ホシアオバ」，「クサノホシ」「夢あおば」，「べこごのみ」などが開発されている[2]。また，最近では，この多収穫米の一種として，今までのものより米粉パンの膨らみとかたさのバランスに優れた「笑みたわわ」といった新しい品種も開発されたりしている[3]。

今後益々，各々の用途に適合した米粉の拡大利用できることへの期待が高まる。

3 使用目的別の米粉の販売

　小麦粉では，強力粉，中力粉，薄力粉など使用目的がわかるように分類した形がはっきり明記されている。米粉についても，消費者に使い分けがわかりやすいように，用途区分を明記した袋入り米粉で販売されることが望まれる。

　日本米粉協会は，2018（平成30）年1月からはそれぞれ「1番：菓子・料理用」「2番：パン用」「3番：麺用」といった統一の用途表記を行う「米粉の用途別基準」を開始している（p.39表2-5参照）。また，適合する製品に協会の「推奨マーク」を付与するしくみを実施している。

　そのほかに，たとえば「強力粉に相当するパン用米粉」「薄力粉に相当する製菓用米粉」のようなわかりやすい表記はいかがであろうか。さらにいえば，一般家庭で利用しやすいように，1袋は500g前後で袋詰めにされていると，より便利で活用も増えるのではないだろうか。

4 身近にあること

　一部の販売店では，前述のように区分した米粉の購入が可能だが，なかなか近くの商店での購入は難しい。現状では，穀類を専門に取り扱っている専門店，あるいはインターネットによ

る購入がほとんどで，一般のスーパーやコンビニエンスストアなどで必要になったときすぐに入手することは難しい。また，販売されていても限られたものしか置かれていないため選ぶことができない。このような状況では，せっかく関心をもって使ってみたいと思っている消費者の購入意欲を減じる原因のひとつとなってしまっている。たとえば，小麦粉売り場で薄力粉と強力粉が置いてあるのと同じ場所に製菓用米粉とパン用米粉が置いてあると購入しやすいし，消費者が選びやすい。などといったことである。

　現在の世界情勢では，小麦粉の輸入価格は益々上昇し続けている。こんなときこそ米粉の出番である。そしてその力に気づいてほしい。

　この機会に，私たち一人一人が，米粉のすばらしい調理性の奥深さに気づき，便利に活用していってほしい。その思いと行動が続く原点になり得るためには，SNSでの発信以外にも，身近なスーパーマーケットなどでのわかりやすい場所に陳列することや，広報活動をある程度長期間に継続することも必要ではないだろうか。

5　日常食への参入

　私たちの日常の食事に幅広く取り入れられている，食パンやコッペパンなどのパン類，カレーやシチュー等に使われるルウなどに米粉を利用することを企業の商品開発でも積極的に取り

込んで，製造して，それを商品に明記して販売することはきわめて有効な手段と考えられる。

　これまでにも紹介してきたが，特にとろみづけのために用いる米粉は，調理操作において扱いやすいだけでなく，食感もなめらかで好ましい。カレーやシチューは日常食や給食に多く登場する料理でもあり，米粉によるとろみづけの需要は高いと思われる。このことは，即，微細米粉を多量に使用することにつながる。ここにきて少しずつではあるが，米粉のカレールウやシチューのルウを販売している企業も出てきている。

　しかし，米粉は小麦粉に比べて原料代は安くても製粉にかかる経費は約1.5から2倍以上かかっているのが現状である。同じ用途に使用する同量のものの製品価格が高いことは，消費者の購入を躊躇させる一因ともなる。そのため，多くの人が使うことで需要と供給の関係がうまくいくようにしていかなくてはならない。いいかえれば，できた製品が多量に消費されることは，米の製粉化にかかる経費の削減にもつながってくる。農林水産省においても，企業に対して米粉の新商品開発や機械設備の導入などを支援する取り組みを公表しており，需要と供給の関係が好転するきっかけになってほしいところである。

6　消費者からの目線

　国内有数の米生産地のひとつである，山形県内のショッピングモールの来場者に行った米粉製品に対するアンケート調査が

ある[4]。それによると，家庭での米粉料理の調理経験は半数以上の人が「ない」と回答していた。残念なことに，家庭料理での米粉利用はまだ定着していないといえる。またここには，米粉製品の購入，飲食頻度と米粉の利用との関係から，購入，飲食頻度を高めることが，米粉製品の消費や家庭における利用の増加につながることが示されている。

　頻度を高めるためには，消費者の要求を満たした米粉製品が身近な場所で購入・飲食できるようにすることが先決となる。消費者の要望としては，まず，「価格が手ごろであること」，次いで，「国産米からつくられていること」である。さらに，米粉製品を広めるための取り組みとして，「料理番組の放送や販売する店舗の増加」があげられている。

7　世界のグルテンフリー市場への発信

　米粉の需要拡大を図るためには，国内だけでなく，海外における需要を創出して，輸出の拡大につなげていくことも重要なことである。アメリカや欧州を中心に世界のグルテンフリー市場は順調に拡大しており，2005年には789.2百万ドル，2019年には6,672.6百万ドル，2024年には10,419.4百万ドルに達する見込みを示している（図4-1）。

　特に，日本で生産するグルテンフリーの米粉は高い水準の製品である。また，「ノングルテン」といって「グルテンフリー」の米粉よりもさらに高い水準のグルテン含有量（1ppm以下）の

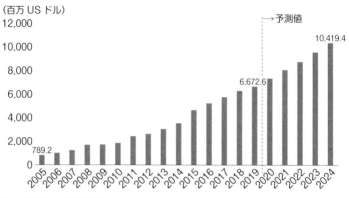

(百万 US ドル)

注：2020年以降は予測値
出所：Euromonitor Dataを基にJFOODOにて作図
開発当初（2005年）に比べて15倍の拡大である

図4-1 世界のグルテンフリー市場
（農林水産省："米粉をめぐる状況について"令和5年2月より一部改変）

米粉がある。この表示で開発する取り組みが2019（令和元）年
6月から行われている。さらに，2021（令和3）年には輸出拡大
に向け「ノングルテン米粉の製造工程管理JAS（日本産業規格）」
の認証も開始している。

＊知っておきたい用語

　ノングルテンとグルテンフリーの表示：「ノングルテン」の米粉
　表示は日本製の米粉を対象に使われ，グルテン量の範囲が1ppm以
　下であるものが表示可能である。これに対し，「グルテンフリー」
　は欧米の表示基準で，20ppm未満あるいは20ppm以下のグルテン
　含有量の範囲のものをさしている[5]。

こうしたグルテンフリー市場における"日本の高品質な米粉や米粉製品"は，海外に向けてのPR活動により発信することで，欧米人に多くみられるグルテンによって発症する遺伝性疾患（セリアック病）の人や，小麦アレルギーの人など，より多くの人に幅広く利用されることが期待される。

8　米粉の新たな活用方法

米粉を利用する形態を変えることは，消費を拡大することにつながる。

米粉を未糊化（粉）の状態で利用するだけでなく，糊化組成物としても応用する技術が推進されている。

たとえば，高アミロース米品種の米粉では，水を加えて撹拌しながら加熱し，その後冷やすことでやわらかなゼリー状の食品をつくることができる，といったようなことである。

さらには，α化した米粉（炊飯した米を加熱により急速乾燥させた米粉）に水やお湯を注ぐだけで簡単に食べることができる「米粉ゼリー状食品」を基に，介護食や離乳食をはじめ，災害時に応用できるなど，さまざまな特徴のあるゼリー類の開発を展開していくことが期待される。

9 日本の食料自給率への向上

　冒頭から何度も触れてきたが，日本の風土にあった米の生産を，国土を生かす形で維持し続けることは，長期的な視野からみれば，水田を確保することになり，それが日本の食料自給率の向上が望める方向につながることになっていく。

　将来に向けて世界的な人口増加傾向が叫ばれ，安定した貿易が長く継続する可能性が保証されにくい現状を顧みたとき，特に，主食となる米を絶やすことなく生産し続ける（続けられる）環境を維持していくことはきわめて大切なことである。また，そのために国も今まで以上に取り組みに力を入れているように感じる。

　米粉（微細米粉）は，小麦粉（薄力粉，強力粉）に置き換えて利用することが可能であることは，よくわかったと思う。これまでの米を粒として食べることや，もち，せんべいなどに加工されるなど限られた食品にとどまっていたことを思うと，このような米粉の利用は大きな飛躍ととらえたい。

　多方面から注目，研究されている微細米粉。この活用方法に，一人一人が十分に関心をもち，身近に感じ，活かしていくように行動することが，我々消費者に課せられた責務のように思われる。

　日本人の食に対する関心は非常に高い。そして，"米"は日本人として欠かすことのできない誇るべき食資源でもある。こ

うした"米"に多くの思考を凝らし，高い技術力を活かして生み出された"微細米粉"ならびに"微細米粉を使用した食品(製品)"を日本の新しい食文化として，世界に発信し続けていけることを切に願っている。

●引用・参考文献●

1) 農山漁村文化協会：地域食材大百科第6巻，「もち，米粉，米粉パン，すし，加工米飯，澱粉」，農山漁村文化協会，pp.100-139，2012

2) 鈴木保宏：米粉パン等の米粉利用に適する品質特性と好適品種，応用糖質科学，2，第1号，12-17，2012

3) 農林水産省：「米粉の利用拡大支援対策について（令和5年）」，2023

4) 金子舞他：米粉の定着の可能性，東北農業経済研究，28(2)，62-67，2010

5) 日本米粉協会：「多彩な日本の米粉の世界」（パンフレット小冊子）

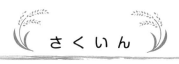

さくいん

130　　さくいん

「クッカリーサイエンス」
刊行にあたって

　人が健康を保ち快適に生きていくためには，安全で，栄養の
バランスのとれた，おいしい食べ物が必要で，その決め手とな
るのが調理です。食べることで，会話がはずみ一緒に食べる人
との連帯感が強まり，食事マナーを介して社会性も身につき，
食にまつわる文化を継承させるなど，さまざまな役割を果たし
ています。その最終価値を決める調理の仕事は，人間生活のあ
り方に直結し食生活の未来にも大きくかかわっています。

　日本調理科学会は，このように人間生活に深くかかわる調理
を対象として，自然科学のほか，人文・社会科学的な視点か
ら，研究・啓発活動を続けています。

　1968（昭和42）年に，本学会の母体「調理科学研究会」が発
足し，さらに1984（昭和59）年に「日本調理科学会」と名称を
改め，2008（平成20）年に創立40年を迎え，2011（平成23）年
に法人化しました。

　創立40周年を契機として，日本調理科学会員が各々の研究
成果を1冊ずつにまとめ，高校生，大学生，一般の方々に，わ
かりやすく情報提供することを目的として，このシリーズを企
画し，現在第10号まで出版されました。身近で，知って得す

る内容満載です。生活と密接に関連のある調理科学がこんなに
おもしろいものであることを知っていただき，この分野の研究
がいっそう盛んになり，発展につながることを願っています。

　2023（令和5）年

　　　　　　　　一般社団法人日本調理科学会刊行委員会

　　　・2009（平成21）年から2011（平成23）年担当
　　　　畑江敬子（委員長），江原絢子，大越ひろ，
　　　　下村道子，高橋節子，的場輝佳
　　　・2012（平成24）年から2018（平成30）年担当
　　　　大越ひろ（委員長），市川朝子，香西みど
　　　　り，河野一世，的場輝佳，森高初恵
　　　・2019（令和元）年から2021（令和3）年担当
　　　　大越ひろ（委員長），綾部園子，今井悦子，
　　　　香西みどり，真部真里子，森高初恵
　　　・2022（令和4）年から担当
　　　　香西みどり（委員長），綾部園子，今井悦
　　　　子，大越ひろ，真部真里子，森高初恵

著　者

市　川　朝　子（いちかわ・ともこ）

- 東京都出身
- お茶の水女子大学大学院家政学研究科修士課程修了
  博士（学術）（お茶の水女子大学）
- 大妻女子大学家政学部食物学科，
  同大学院人間文化研究科教授
- 大妻女子大学名誉教授
- 日本調理科学会関東支部長（2006-2007年），
  同副会長（2008-2012年）

香　西　みどり（かさい・みどり）

- 福島県出身
- お茶の水女子大学大学院家政学研究科修士課程修了
  博士（学術）（お茶の水女子大学）
- お茶の水女子大学生活科学部，
  同大学院人間文化創成科学研究科教授
- お茶の水女子大学名誉教授
- 日本調理科学会会長（2016-2020年）
- 日本家政学会会長（2020-2022年）
- 内閣府食品安全委員会委員（2018-　）

クッカリーサイエンス011
米粉調理で広がる世界

2023年(令和5年)9月15日　初 版 発 行

監　　修　　日本調理科学会

著　　者　　市 川 朝 子

　　　　　　香 西 み ど り

発 行 者　　筑 紫 和 男

発 行 所　　株式会社 建 帛 社
　　　　　　KENPAKUSHA

112-0011 東京都文京区千石4丁目2番15号
TEL (03) 3944-2611
FAX (03) 3946-4377
https://www.kenpakusha.co.jp/

ISBN 978-4-7679-6222-1　C3077　　　　　　　教文堂／ブロケード
ⓒ市川朝子, 香西みどり, 2023.　　　　　　　Printed in Japan
(定価はカバーに表示してあります)

日本調理科学会　監修
クッカリーサイエンスシリーズ 既刊

001 加熱上手はお料理上手
—なぜ? に答える科学の目—

横浜国立大学名誉教授　渋川祥子 著

168頁・口絵カラー2頁
定価（本体1,800円＋税）

　加熱の仕方でおいしさがどう変わるか，栄養成分を逃さないエコな料理方法とは？　加熱調理のポイントや最新の加熱器具も紹介した。

002 だしの秘密
—みえてきた日本人の嗜好の原点—

元お茶の水女子大学教授　河野一世 著

184頁・口絵カラー2頁
定価（本体1,800円＋税）

　日本のだしの代表，かつお節と昆布だしを中心として香り・味の歴史を繙くと共に，世界のだし文化との比較，嗜好の不思議に挑んだ。

003 野菜をミクロの眼で見る

広島大学名誉教授　田村咲江 著

160頁・口絵カラー2頁
定価（本体1,600円＋税）

　野菜のミクロの世界をのぞくと，躍動する生命の営みがうかがえる。野菜の組織・構造のほか，煮るとやわらかくなる理由や冷凍するとどう変化するかなどを，多数の貴重な顕微鏡写真で解説した。

004 お米とごはんの科学

静岡県立大学名誉教授　貝沼やす子 著

160頁・口絵カラー2頁
定価（本体1,600円＋税）

　日本人の主食「お米」をよりおいしく食べるには？　ごはんを炊くコツ，味や色の変化をつけた楽しみ方，ごはん以外の新しい食べ方など，お米とごはんの魅力を科学的に紹介した。

005 和菓子の魅力
—素材特性とおいしさ—

共立女子大学名誉教授　高橋節子 著

160頁・口絵カラー6頁
定価（本体1,800円＋税）

　歴史を辿り，季節・行事と和菓子を概説。素材特性を生かしておいしく味わうコツ，練りきり・ぎゅうひなどのつくり方を写真で紹介。家庭でできる和菓子レシピ，洋菓子とのフュージョン，色彩豊かで美しい和菓子の口絵が楽しい。

006 科学でひらく ゴマの世界

元静岡大学教授
日本ゴマ科学会会長　福田靖子 著

144頁・口絵カラー2頁
定価（本体1,600円＋税）

近年の研究により健康増進効果を実証する新知見が発表されているゴマ。健康増進機能や調理加工，食文化などの研究成果から，秘められた魅力に迫る。

007 油のマジック
—おいしさを引き出す油の力—

お茶の水女子大学名誉教授
昭和女子大学名誉教授　島田淳子 著

160頁・口絵カラー2頁
定価（本体1,600円＋税）

悪者にされることの多い油だが，油を使って調理するとおいしくなる。「油と調理とおいしさとの関係」を科学の目で見つめ，その不思議な関係を紐解く。

008 泡をくうお話
—ふわふわ，サクサク，もちもちの食べ物—

お茶の水女子大学名誉教授　畑江敬子 著

144頁・口絵カラー2頁
定価（本体1,600円＋税）

ふわふわ，サクサク，もちもちの食感をつくる「泡」。加熱による「泡」の膨張を利用した食べ物について，そのおいしさの仕組みを科学的に追究する。

009 食を支えるキッチングッズ
—調理用具，電気・ガス機器とつき合う—

元文教大学教授　肥後温子 著

144頁・口絵カラー2頁
定価（本体1,600円＋税）

家庭内食を後押しし，調理を支援する「調理用具・機器」の目覚ましい進化とその活用法を丁寧に解説。理解しやすくイラストを多数掲載。

010 ふくらむ加熱調理
—コロッケのはれつ・ドーナツのきれつ—

元東京家政大学・大学院教授　長尾慶子 著

144頁・口絵カラー2頁
定価（本体1,600円＋税）

加熱調理で膨らむ食品の表面に起こる「きれつ」。コロッケとドーナツを使い，そのメカニズムとコントロール法を様々な観点から紐解く。